中学数学教师的文化成长研究

王贤华 ◎ 著

吉林出版集团股份有限公司
全国百佳图书出版单位

图书在版编目（CIP）数据

中学数学教师的文化成长研究 / 王贤华著. — 长春：吉林出版集团股份有限公司，2022.8
 ISBN 978-7-5731-2024-3

Ⅰ.①中… Ⅱ.①王… Ⅲ.①中学数学课－中学教师－师资培养－研究 Ⅳ.①G633.602

中国版本图书馆CIP数据核字（2022）第149331号

ZHONGXUE SHUXUE JIAOSHI DE WENHUA CHENGZHANG YANJIU
中 学 数 学 教 师 的 文 化 成 长 研 究

著　　者	王贤华
责任编辑	宫志伟
装帧设计	言之凿

出　　版	吉林出版集团股份有限公司
发　　行	吉林出版集团社科图书有限公司
地　　址	吉林省长春市南关区福祉大路5788号　邮编：130118
印　　刷	唐山富达印务有限公司
电　　话	0431-81629711（总编办）
抖 音 号	吉林出版集团社科图书有限公司　37009026326

开　　本	787 mm×1092 mm　1/16
印　　张	12.25
字　　数	187千
版　　次	2023年1月第1版
印　　次	2023年1月第1次印刷

书　　号	ISBN 978-7-5731-2024-3
定　　价	58.00元

如有印装质量问题，请与市场营销中心联系调换。0431-81629729

序 言
PREFACE

"数学是一种文化"的观念在国际上得到了普遍认可,在我们国家也是如此。现在数学文化已经进入我们国家的新课标,进入校园,进入课堂,相关的数学文化研究呈现一片繁荣之象。

2005年9月至2008年7月,笔者在四川师范大学数学科学学院学习,以"中学数学文化的建设"为题通过教育硕士论文答辩,由此与数学文化相遇。2007年,笔者加入中国数学史学会,参加了中国数学会主办的纪念欧拉诞辰300周年暨《几何原本》中译400周年数学史国际会议,从中领略了若干数学大师的精神。之后,又参加了若干届全国数学史与数学教育会议,逐渐对数学文化有了更多的认识。2017年,笔者到香港圣保禄学校和香港大学进行短期交流访问,了解到香港地区中学数学教育的一些概况。同年,笔者的第一部专著《中学数学文化建设的理论进展与案例分析》在电子科技大学出版社出版。2017年至2018年,笔者曾经追随成都市第七中学方廷刚等老师系统地学习竞赛的数学知识,每周两个小时,持续一年。2019年,笔者参加了华东师范大学亚洲数学教育中心举办的首届暑假特级教师高级研修班,学习了王建磐、范良火、谈胜利、鲍建生、顾泠沅等全国著名数学教授关于数学教育的相关理论,结识了若干全国数学教育界的大师和名家。同年,笔者加入四川省吴中林名师鼎兴工作室,追随吴中林老师学习。2020年,经过华东师范大学"立德树人"数学教育教学研究基地汪晓勤团队考查,笔者被录取为全国HPM高中数学网络学习班学员,向汪晓勤教授学习HPM进入高中数学课堂的路径和方法。2021年,笔者再次被录取为第二期学员。以上这些经历,使得笔者的数学教学具有了全国视野和一点国际视野。

现在,我们来思考这样一个问题:当代高中数学课堂的模式应该是什么样的?

这个问题没有固定的答案。因为教学有法而教无定法,教师对于教学艺术的追求是永无止境的。笔者在多年的教学生涯中,逐渐找到了数学教学的关键,那就是:如果学生喜欢数学老师,喜欢数学,那么学生的数学成绩一般不会差。

问题来了,高中数学既抽象又有难度,学生凭什么喜欢数学课呢?经过若干年的教学探索和实践,笔者的教学经验逐渐丰富,教学路数逐渐成熟,教学思路也逐渐清晰。慢慢地,文化型数学教师的模式在笔者心中沉淀。笔者逐渐认识到,想征服学生的大脑,得有较高的学识水平,有较大的人格魅力,有点文学修养,能使用现代信息技术,能讲点哲学,也能来点历史,当然也必须能解得了比较难的数学问题……这就是文化型数学教师的特点吧!

受具有世界广泛影响的华东师范大学亚洲数学教育中心主任范良火教授抬爱,笔者获赠他三种亲笔签名的著作共五本,其中一本是 *Performance Assessment in Mathematics: Concepts, Methods, and Examples from Research and Practice in Singapore Classrooms*。这是范教授与新加坡官方合作后写的一本全英文的著作。虽然笔者是教育硕士,有一点英文的基础,但是面对专业词汇很多的数学著作,还是有一点吃力。凭着热情,笔者初步读完了这本著作,大致了解了范教授的思想和主张。其中笔者对范教授书中的这张表印象深刻:

表 0-1 传统方法和新方法数学成绩评估的对比①

数学成绩评估	传统方法	新方法
评估内容	认知角度(主要是知识和技能),学习的结果	认知角度和情感角度(知识、技能、能力、情感),包含学习结果和学习过程两方面
评估地点	教室内	教室内与/或教室外
评估时间	上课期间的某一段时间,比如一堂课的时间	在课堂内与/或课堂外,时间可能是几天、几周、几个月,甚至几年
评估方法	固定的方式(纸笔书写测试)	包含固定的和替代的方式
评估目的	单一的(最重要的是区分和报告学生的学习结果的等级)	多维的(最重要的是改进教学)
与学习的关系	学习本身的评估	学习本身的、为了学习的、作为学习的评估

也就是说,学生虽然在数学学习上大约花费了学习总时间的六分之一,但是在目前的传统数学考试中,只能考核学生的数学学习的结果,学生学习数学

---

① FAN Lianghuo. Performance Assessment in Mathematics: Concepts, Methods, and Examples from Research and Practice in Singapore Classrooms [M]. Pearson Education South Asia Pte Ltd, 2011: 4.

的过程，根本没有进行评估测量或者不好进行测量，这是很遗憾的。但是学生学习数学的青春年华和美好光阴却定格在那一段人生的路程中，我们怎么才能让学生明白——我们思考，所以我们快乐，而不仅仅是"因为考试成绩好，所以我们快乐"？我相信，只要有一点接一点的数学文化的熏陶，学生就会有短时间的情感快乐，如果课堂里长期出现短时间的情感快乐，则一定会逐步促进学生数学素养的提高。

　　本书所收录的文章，大部分来自笔者在会议上的发言，以及一些获奖的论文，其中有些是对数学文化本身的思考，有些则是笔者在数学文化教学方面的所感所悟，现正式出版，就正于各位方家。数学文化研究是当前数学教育的研究热点，当代著名数学教育家张奠宙先生曾说"数学文化必须走进课堂，让学生在学习数学的过程中真正受到文化感染，产生文化共鸣"，但是直到目前，受制于高考指挥棒的巨大影响，张教授的呼吁仍然还在路上。笔者在文化型数学教师方面的探索与实践，也许能给读者一点借鉴，如果真如此，则为幸事。

王贤华
2021 年 9 月

目　录
CONTENTS

第一章　文化型数学教师的核心专业素养
　　第一节　中国数学文化教育研究的现状 …………………………… 8
　　第二节　文化型数学教师的课程标准背景 ………………………… 12
　　第三节　文化型数学教师应具备的核心专业素养 ………………… 15

第二章　数学文化传承案例：资优生
　　第一节　高中数学资优生的发现 …………………………………… 38
　　第二节　普通高中创新拔尖人才的培养方法综述 ………………… 44
　　第三节　例谈数学资优生的一些培养方法 ………………………… 53
　　第四节　基于深度学习理念的数学思维培养 ……………………… 63

第三章　以文化人：开展中学数学德育的研究和实践
　　第一节　数学教育具有的德育价值 ………………………………… 71
　　第二节　中学数学德育的实施路径 ………………………………… 74

第四章　考试评价中的数学文化
　　第一节　某年高考四川卷文理科 22 题评析 ……………………… 83
　　第二节　某年高考四川卷文理科 21 题评析 ……………………… 93

第五章 数学文化的应用案例：数学建模

- 第一节 数学建模的概念 ………………………………………… 105
- 第二节 高中函数教学任务中的数学建模 …………………… 108
- 第三节 从数学建模到数学建模能力 ………………………… 110
- 第四节 数学建模能力的培养策略 …………………………… 116
- 第五节 数学建模能力培养的案例教学 ……………………… 121
- 第六节 数学建模小论文写作示例 …………………………… 124
- 第七节 高考中的数学建模 …………………………………… 130

第六章 数学文化发展的规律

- 第一节 怀尔德关于数学文化发展的动力与规律 …………… 137
- 第二节 数学文化创新的案例——函数概念的演化 ………… 143
- 第三节 数学文化进课堂的案例——简说分形几何 ………… 152

第七章 数学文化发展案例：回归直线方程

- 第一节 最小一乘法 …………………………………………… 165
- 第二节 最小二乘法 …………………………………………… 171
- 第三节 关于 LSM 的几个文化注记 …………………………… 175
- 第四节 回归直线方程的核心素养培养 ……………………… 182

参考文献 ………………………………………………………… 185

后　　记 ………………………………………………………… 186

文化型数学教师的核心专业素养

第一章

影响教师教学效果的关键因素是什么？一般认为，教师本身就是影响教学结果的关键主导因素。最近几年，"核心素养"一词很有热度，那么数学教师需要哪些核心专业素养呢？

1980年，国际数学教育大会（ICME-4）开始关注数学文化，"数学文化"正式进入人们的研究范围。2003年，教育部制定的《普通高中数学课程标准（实验）》首次将"体现数学的文化价值"作为一个基本理念，提出了对数学文化的学习要求。教育部在《2017年普通高等学校招生全国统一考试大纲》教学科目大纲中，也专门列出对考生"数学文化"的考查要求。教育部《普通高中数学课程标准（2017年版）》更是高度重视数学文化，提倡将"数学文化"有机融入课程内容，并给出了一个数学文化的官方解释："数学文化是指数学的思想、精神、语言、方法、观点，以及它们的形成和发展；还包括数学在人类生活、科学技术、社会发展中的贡献和意义，以及与数学相关的人文活动。"

故而，笔者提出教师应该成为文化型数学教师。

2018年，全国数学教育研究会学术年会于8月1日至3日在贵阳师范大学举行，有1000余名来自全国各地的数学教育界人士参与。8月2日下午2：00—3：40，大会在外国语学院举行第44场分组报告，主题是"数学教师教育研究与基础教育阶段开设大学选修课程研究"。笔者的论文《文化型数学教师的核心专业素养与案例分析》先期已经在全国数学教育界提交的550篇论文中脱颖而出，被专家组确定为参与分组报告的200余篇论文之一。分组报告会场上学术交流气氛热烈，现场提问踊跃。首都师范大学朱一心教授针对笔者的发言与笔者进行了探讨，角度深入有趣。下面介绍几个问题，作为本章的前言。

1. 为什么我国的数学文化研究在世界上是先进水平？这是自封的还是外人认可的？不能说我国的数学文化研究人数众多就算强国，比如说我国的体育就是这样。梁贯成教授获奖的领域据我了解不是数学文化吧？

答：判断一个研究领域是不是先进水平，主要是看高端研究水平与普及程度。数学文化的观念引入我国之后，得到高度重视。现在，国家层面的中国数学会、中国数学会数学史分会、中国数学会基础教育分会的学术年会都将"数学文化"列入会议正式交流议题，而全国各地各校举行的数学文化节也是如雨后春笋一般遍地都是；我国数学文化研究的学术专著和学位论文研究的篇数呈指数爆炸式增长。中国学者对于数学文化的教育价值认识之深，开设该类课程的院校数量之多，相关教材和其他出版物的数量之大，数学文化的教育传播之广，在全世界都是少见的。① 另外，台湾屏东大学徐传伟教授在 2018 年谈到，美国数学会举办的数学年会以及美国数学教师协会举办的学术年会，目前没有将数学文化列入正式议题。现台湾数学教育协会理事长左台益教授在 2018 年提到，台湾数学界现在已经开始认识到数学的文化价值，准备听从台湾著名数学家洪万生教授的提议，将数学文化的观念写入新的高中数学课程标准之中。2021 年，在上海延期举办的 ICME-14 中，数学文化的研究也是正式议题。目前中国数学文化的研究是一个热点，而且我国在数学教学文化方面取得了世界瞩目的成绩，特别是香港大学梁贯成教授的相关研究获得了数学教育的世界最高奖——弗赖登塔尔奖。梁贯成教授是首位获得此项国际殊荣的亚洲学者。

多年来，作为国内多所大学的客座教授，梁贯成教授的足迹遍布国内多个高校及中学，带领国内很多学者在数学文化方面的研究取得重要成果。

比如，2016 年 9 月 20 日，梁教授来到四川师范大学，作了弗赖登塔尔奖专题讲座"东亚地区学生数学成绩解构：文化真的有重要的影响吗"。梁教授认为，随着时代的发展，数学教育研究近三十年发生了显著的变化，最开始关注教师教得好，所以重点研究教学方法的改进；接着关注学生，所以着力研究学习方法的改进；到今天，数学教育转变到把数学教育作为人类的一个社会结构来研究，进行文化方面的解析，得出数学教育只有营造出优秀文化氛围的大背景，学生才能把数学学得很好的最新成果。这个结论可以从最近几届弗赖登塔尔奖获奖者的研究领域发现，如表 1-1 所示。

表 1-1　2009—2015 年的弗赖登塔尔奖（Freudenthal Prize）获得者

年份	获奖人及国籍	贡献领域
2009	伊芙·舍瓦拉德（Yves Chevallard），法国	发展形成人类学教学理论；建立了一个全新的教师培训的"诊所培训"模式
2011	路易斯·雷德福（Luis Radford），加拿大	符号-文化学习理论
2013	梁贯成（Frederick Koon Shing Leung），中国香港	数学文化比较研究，从儒家传统文化的角度来解释东亚学生取得卓越的数学成就的原因

---

① 刘献军. 数学界的文化自信与文化自觉 [J]. 自然辩证法通讯，2012（1）：121.

续表

年份	获奖人及国籍	贡献领域
2015	吉尔·艾德勒（Jill Adler），南非	开创性地开展了提高南非数学教学水平的研究；进行了在多语言教室进行数学教学的内在困境的社会文化研究；在数学教学和数学教师专业发展方面，有关数学知识的问题的研究

（资料来源：ICMI 网站）

国际数学家大会、国际数学教育会议相继在我国召开；梁贯成教授担任国际数学教育委员会主席，任期是 2021 至 2024 年；我国中学生在 IMO、PISA 等国际比赛中长期位于世界前列；我国出版的练习册出口到英国……从多个方面可以说明，不管是数学文化的高端研究还是普及研究，我国的数学文化研究处于世界领先水平。

这里，我将梁贯成教授的成就与贡献简单介绍一下。

(1) 进行了数学教育的比较研究；

(2) 在数学教学文化方面有重大影响；

(3) 利用儒家文化解释东亚学生取得卓越数学成就的角度；

(4) 利用儒家文化的文化角度解释东亚数学课堂教学特色，以及解释东西方教师知识方面的差异成因；

(5) 倡导数学教育的文化角度的重要性，建立了理解文化与数学教育的关系的体系。

2. 你提出的"文化型数学教师的核心专业素养"出自何处？何有依据？为什么是 5 个，而不是 6 个，甚至更多？我提出十几二十个素养也可以说得过去。为什么要依据高中数学课程标准提出这些素养？

答：根据教育部颁布的《普通高中数学课程标准（2017 年版）》，我提出 5 个文化型数学教师的核心专业素养。文化型数学教师应该具备的最重要的核心专业素养是数学史素养、数学哲学素养、数学艺术素养、数学解题能力素养、信息技术素养。可以用表 1-2、表 1-3 来理解这个结构。

表 1-2　文化型数学教师的核心专业素养的具体构成

素养名称	倡导代表	文件依据	含义	实践的中学特级教师代表
数学史素养	李文林	中华人民共和国教育部.普通高中数学课程标准（2017年版）[M].北京：人民教育出版社，2018：20，21，29，40	教师应该知道所讲数学知识在历史上的来龙去脉，以便结合学生的实际情况开展相关知识的教学	江苏苏州中学夏炎、浙江海亮高级中学张小明
数学哲学素养	傅仲孙、徐利治	同上：82—83	所谓数学哲学素养，就是数学教师应该知道一些哲学的思想与方法，然后利用哲学的一些方法教数学	北京市第二十二中学孙维刚
数学艺术素养	徐利治	同上：69—73，97	数学教师拥有一颗艺术（比如文学、音乐、美术等）的心，能发现和使用审美感和想象力等艺术方面的因素来为数学教学服务	四川南溪一中张林
数学解题能力素养	单墫	同上：79，88	数学教师应该是解决数学问题的能手，能够为学生解决数学问题提供过程指导，能够利用试题的解决过程来育人	北京大学附属中学周沛耕
信息技术素养	张景中	同上：83，97	数学教师如果能使用信息技术为数学教学服务，那么就拥有了信息技术素养	南京师范大学附中陶维林（几何画板）、常州五中张志勇（GGB，图形计算器）

表 1-3　数学艺术素养的几个方向

数学艺术方向	国内外提倡者	代表言论	类似言论
文字语言素养	苏步青	如果说数学是各门学科的基础,那么语文就是这个基础的基础	数学家跟画家或诗人一样,也是造型家,区别仅仅在于画家造型用形与色,诗人用语言,而数学家则是用概念来塑造。(哈代) 我特别喜欢《史记》,因为从里面得到过研究数学的动力和灵感。(丘成桐)
美学素养	庞加莱	缺乏审美感的人不会成为真正的创造者	哪里有数,哪里就有美,数学在很大程度上是一门艺术,它的发展总是起源于美学准则,数学问题的解决有时依赖于一种神秘的"灵感"。(普洛克拉斯)
音乐素养	M.克莱因	在代数、微积分以及高等分析等数学领域,第一流的数学家依靠的是像作曲家那样的灵感	我们这个世界可以由音乐的音符组成,也可以由数学公式组成。(爱因斯坦)

高中数学课程标准是国家意志在高中数学教育领域的集中体现,作为中国境内的教师,建议认真学习领会。

3. 是不是数学教师没有这些核心素养就不能教书育人?

答:我提倡成为"文化型数学教师",记为 A 型,当然其余学者也可以提倡成为 B 型、C 型等等,所以也不一定需要这些核心素养,但是有肯定比没有好,文化型数学教师的核心是吸引学生认真学习数学。

4. 什么叫作"掌握了数学文化的整体含义的教师"? 不要将数学文化的概念泛化,成了空谈!

答:数学文化的含义目前的确非常宽广,吴文俊院士就曾经说过,数学文化与数学同在,也就是说,只要有数学的地方就有数学文化。但从总体上讲,形散而神不散的数学文化的整体含义还是没有泛化,主要还是集中在教育部颁布的课程标准中提到的那一个框架内,目前这个框架的要求是数学文化与数学教学内容深度融合,倡导培养学生的六大核心素养,所以不可能是空谈。

笔者提出的文化型数学教师的说法，暗合国家对中学数学教学的倡导性要求。2020年8月，笔者应西昌学院和凉山彝族自治州教育局和体育局的邀请，为当地千名骨干教师、本土教师上课；2021年9月，笔者应江苏省张志勇、钱宁两个省级名师工作室的邀请，为江苏省60余名教师讲课。在这两个学习班上，笔者都提出成为"文化型数学教师"的教学主张，这一主张得到各地数学教育同行的一致肯定。

第一节　中国数学文化教育研究的现状

尽管教育部多次出台与要求重视"数学文化"相关的文件,但是大多数一线教师还是不太了解数学文化,不能有效地进行数学文化教育,为此,这样的一线教师自己也很迷茫。即使浙江省是新课程改革先行先试的省份,但是由于现行教育环境的制约,教育观念尚未完全转变,数学文化教育的实施依然存在较大困难,教师在课堂上没有充分时间去渗透和数学文化相关的内容。

从国家层面来看,目前由中国数学会主办的全国数学文化论坛学术会议,在国内顶级数学家的大力支持下每年召开一次。论坛主要围绕数学思维、数学方法、数学史、数学美学等研究方向,交流国内外数学文化研究进展,繁荣数学文化,探讨数学思想,引领发展方向,从而推进我国高水平数学文化研究,笔者罗列其中几届的简况,见表1-4所示。而由中国数学会数学史分会、中国数学会数学教育分会等主办的学术年会,更是将"数学文化与数学教育"列入正式议题,繁荣了我国的数学文化教育的研究。

表1-4　几届中国数学会举办的数学文化论坛简况①

届别	时间	地点	45分钟主题报告的报告人和题目
四	2014年8月3日	内蒙古师范大学	马志明院士"数学与现代文明";严加安院士的"概率破玄机,统计解迷离";陈永川院士"漫谈独立与相关";北京航空航天大学李尚志教授"数学与中国文化";山东大学刘建亚教授"不器之学";香港浸会大学副校长汤涛教授"通过互联网推广数学文化";浙江大学蔡天新教授"十七世纪:天才的世纪";沈阳建筑大学靖新教授"数学模型之美";复旦大学程晋教授"反问题:基于数学模型的研究方法"

---

① 第五届的简况由东北大学秦皇岛分校李晓奇教授提供。

续表

届别	时间	地点	45分钟主题报告的报告人和题目
五	2015年8月17日	东北大学秦皇岛分校	北京师范大学教授陈木法院士"网络引领的教育新变革";西安交通大学教授徐宗本院士"大数据与数学:挑战与机遇";清华大学教授冯克勤"信息安全数学理论在中国的发展";北京大学教授宗传明"神秘的正四面体";密歇根大学教授季理真"名人眼中的好数学";中科院研究员骆顺龙"概率,信息,量子";上海交通大学教授纪志刚"《几何原本》的翻译与明清数学思想的嬗变";同济大学教授梁进"世界名画中的数学"
六	2016年8月20日	西北师范大学	北京大学教授田刚院士"从正多面体谈起";山东大学刘建亚教授"漫谈科学与艺术的创新";北京大学教授张平文院士"应用数学的价值观";南方科技大学汤涛教授"数学文化与数学史";美国加州大学圣塔芭芭拉分校张益唐教授"孪生素数猜想";北京师范大学教授陈木法院士"从矩阵最大特征值的计算谈起";中国科学院数学与系统科学研究院研究员袁亚湘院士"大数据与优化";四川大学罗懋康教授"古典文学的意象与现代数学的抽象"

而国内民间层面的数学文化研究已逐步走向学校,走向课堂,比如著名数学教育家张奠宙教授曾在华东师范大学开设"数学文化透视",北京大学数学学院在全校举行的数学文化节,以南开大学为主开设的天津市大学数学文化节,华东师范大学第二附属中学的数学文化节,惠州市华罗庚中学举办的数学文化节,广州市中学生数学文化节,江苏省举办的全国首届数学文化素质教育论坛等,有关数学文化的活动如雨后春笋般在全国各地开展。

可以说,我国数学文化教育的水平在世界上总体上属于先进水平,有很多理论研究者与中学一线教师紧密合作的经典例子,研究水平也很高,下面举几个例子。

江苏无锡市教科所徐沥泉老师于1989年在傅仲孙、徐利治等教授的指导倡议下,把数学方法论用于数学教学,开展"MM教学实验",经过成百上千个班级的实践检验,得出了我国数学教育的新模式——"MM教育方式"。浙江师范大学张维忠教授团队联合华东师范大学汪晓勤教授团队,与浙江省杭州市、台州市、余姚市、温岭市等地多所中学展开了教育部重点课题"文化传统与数学教育现代化"的高水平研究,他们主要在中西方数学与数学教育文化传统比较、数学史与数学教育的联系、计算机支持下的数学教育、现代数学在中学数学教学中的应用等方面进行了研究。四川师范大学马岷兴教授团队联合四川省和广东省的多所中学开展了"新课程观下数学文化教育的建设及评价"研究课题,提出了数学文化教育的结构,认为数学文化教育是由"数学文化源""数学文化元""数学文化丛""数学文化教育模式"和"数学文化场"组成的稳定系统与构建框架,并且提供了丰富的实践案例。华东师范大学汪晓勤教授团队在华东地区建立了数学史与数学教育 HPM 工作室,指导上海市的多所中学积极开展 HPM 课例实践研究并已经扩展到全国;张景中院士牵头成立的各地教育数学试验区也红红火火地开展工作……

这里我想专门谈一下"MM 教育方式",它似乎看起来不含数学文化的字眼,但是其理论与做法却与"数学文化"高度相关。现在看来,它甚至已经把数学文化的多个子概念收入其中,也可以认为,"MM 教育方式"提倡的做法就包含在当代数学文化教育的研究之中。从某种程度上说来,"MM 教育方式"就是我国数学文化教育的起始研究。比如,该研究采用的数学方法论的框架如图 1-1 所示,[1]其中宏观方法论下的数学哲学、数学史、数学家成长规律、数学文化论,以及微观方法论下的数学美学、数学发现心理学等,均可纳入当今数学文化的研究范畴。又如"MM 教育方式"的数学观:数学是工具,又是文化。因此,有技术教育和文化两个功能,[2] 这个观点也与数学文化的研究相关。

还有很多一线教师在自觉开展数学文化教育,江苏省苏州中学特级教师夏炎就是其中一位。夏炎在《中学数学名师教学艺术》(第二版)中以《夏炎:融德育与数学文化于课堂》为题进行了介绍。[3] 在这篇文章中,"以史为镜识数学,以史为仓道数学,以史为鉴学数学,以史为源讲数学",可以大概看出,夏老师的数学文化教育特色就是应用数学史在数学教学中,具有很强的代表性。[4]浙江海亮高中的张小明老师在华东师范大学汪晓勤教授的指导下,21 世纪前几

---

[1] 杨世明,周春荔,徐沥泉,等. MM 教育方式理论与实践 [M]. 香港:香港新闻出版社,2002:89.
[2] 杨世明,周春荔,徐沥泉,等. MM 教育方式理论与实践 [M]. 香港:香港新闻出版社,2002:92.
[3] 雷玲. 中学数学名师教学艺术 [M]. 上海:华东师范大学出版社,2014:31–61.
[4] 雷玲. 中学数学名师教学艺术 [M]. 上海:华东师范大学出版社,2014:58.

年就与汪教授合作开发出一些数学史与数学教育结合的案例，走在了全国高中数学教师的前列。

```
数学方法论
├── 宏观方法论（撇开内因，用历史眼光）
│   ├── 数学哲学
│   ├── 数学史
│   ├── 数学家成长规律
│   └── 数学文化论
└── 微观方法论（内因，内部规律研究）
    ├── 一般解题方法
    ├── 合情推理方法
    ├── 演绎法与公理法
    ├── 抽象化与符号方法
    ├── 数学美学
    ├── 数学发现心理学
    ├── 数学思维方法
    └── 数学模型法
```

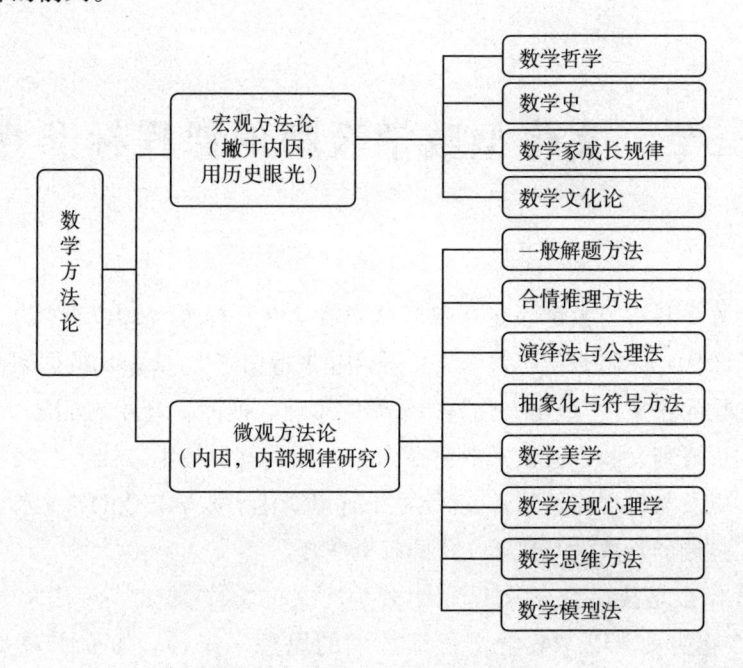

图1-1 数学方法论的框架

当前，普通教师对数学文化的理解有一些偏差。不理解数学文化的整体含义；觉得数学文化非常不好操作；觉得数学文化无非就是一些花里胡哨的花边知识，变成了艺术课；认为数学文化的全部就是数学史，将数学课上成历史课，冲淡了数学文化应该崇尚的理性精神；还有人认为数学文化研究有一些泛化，"数学文化贯穿于数学教育的始终"成了像什么没有说一样难以实现。[①] 其实，吴文俊院士认为，数学与数学文化同在，只要有数学，就一定有数学文化。所以在数学教学里，数学文化本来应该贯穿在整个数学教学的方方面面。

---

① 甘志国. 数学文化与高考研究 [M]. 哈尔滨：哈尔滨工业大学出版社，2018：41.

第二节　文化型数学教师的课程标准背景

中华人民共和国教育部在《普通高中数学课程标准（2017年版）》（以下简称为新课标）中将数学与数学文化融合起来得出图1-2所示的框架，并给出了数学文化的含义："数学文化是指数学的思想、精神、语言、方法、观点，以及它们的形成和发展；还包括数学在人类生活、科学技术、社会发展中的贡献和意义，以及与数学相关的人文活动。"这里淡化了数学文化的狭义与广义的说法之分，强调的是数学与数学文化的有机融合。

那么什么是狭义数学文化？什么是广义的数学文化？南开大学顾沛教授认为，从狭义上说，数学文化即数学的思想、精神、方法、观点、语言及其形成和发展过程；从广义上说，除了狭义的内容外，数学文化还包括数学家、数学史、数学美、数学教育、数学发展中的人文成分以及数学与各种文化的关系。新课标告诉我们，不要总是在数学文化究竟是取广义还是取狭义的问题上纠缠不清，广义与狭义的数学文化不可分割，两者相互依存，形成一个整体，并融入数学教学活动之中。在教学活动中，教师应该有意识地结合相应的教学内容，将数学文化渗透在日常教学之中，引导学生了解数学的发展历程，认识数学在科学技术、社会发展中的作用，感悟数学的价值，提升自己的科学精神、应用意识和人文素养；将数学文化融入数学，还有利于激发学生的数学学习兴趣，有利于开阔学生视野、提升学生的数学学科核心素养。[①]

[①] 中华人民共和国教育部. 普通高中数学课程标准：2017年版[M]. 北京：人民教育出版社，2018：82-83.

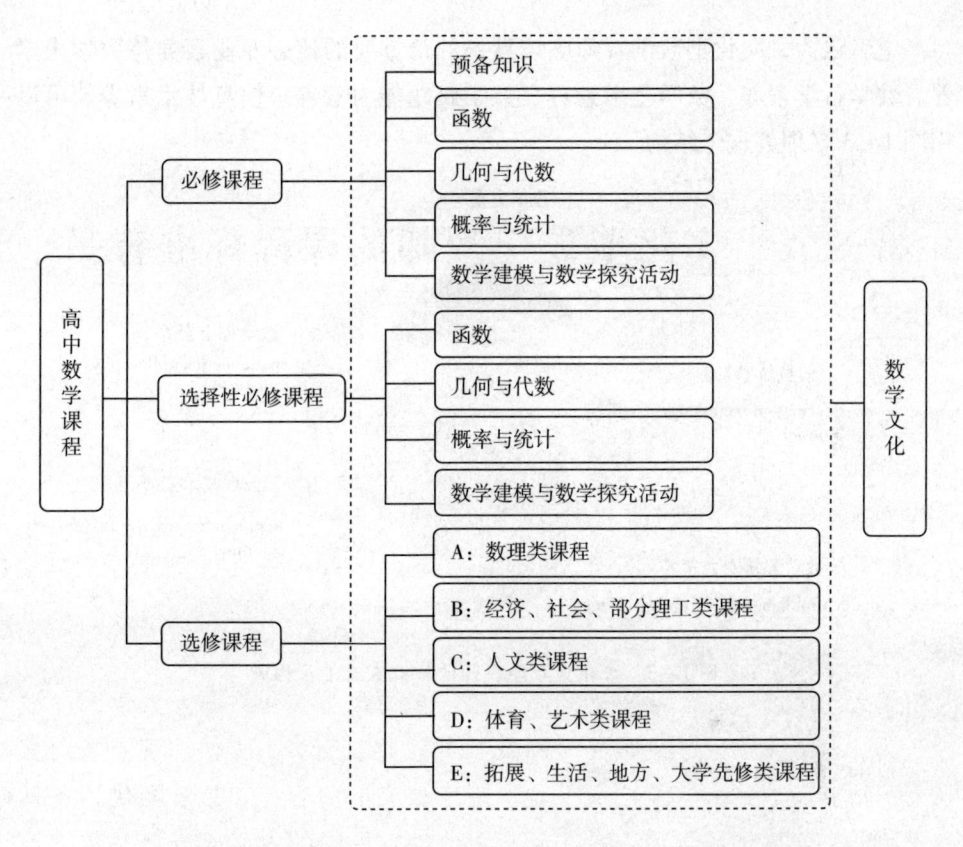

图1-2 新课标（2017年版）将数学与数学文化进行有机融合

所以数学文化要进入学校，进入课堂，紧缺的是文化型数学教师。所谓"文化型数学教师"，就是能够整体理解数学文化的全部含义，能够主动在课堂上进行有意识的数学文化教育的教师。特别关键的是，他应该知道在教学的哪些环节，使用哪些素材来进行相关数学文化教育。

新课标相比2003年发布的《普通高中数学课程标准（实验稿）》，提出了更多不同的理念与操作方法，最大的变化之一便是明确提出了核心素养，并将高中数学学科的核心素养界定为数学抽象、逻辑推理、数学建模、数学运算、直观想象、数据分析6个方面。新课标也明确指出，教师应不断学习、探索、研究、实践，提升自身的数学素养。① 其实数学教师也应该具有与学生不同的数学专业核心素养。

---

① 中华人民共和国教育部. 普通高中数学课程标准：2017年版［M］. 北京：人民教育出版社，2018：82.

笔者认为，文化型数学教师应该具备的最重要的核心专业素养是数学史素养、数学哲学素养、数学艺术素养、数学解题能力素养、信息技术素养。可以用图1-3来理解这个结构。

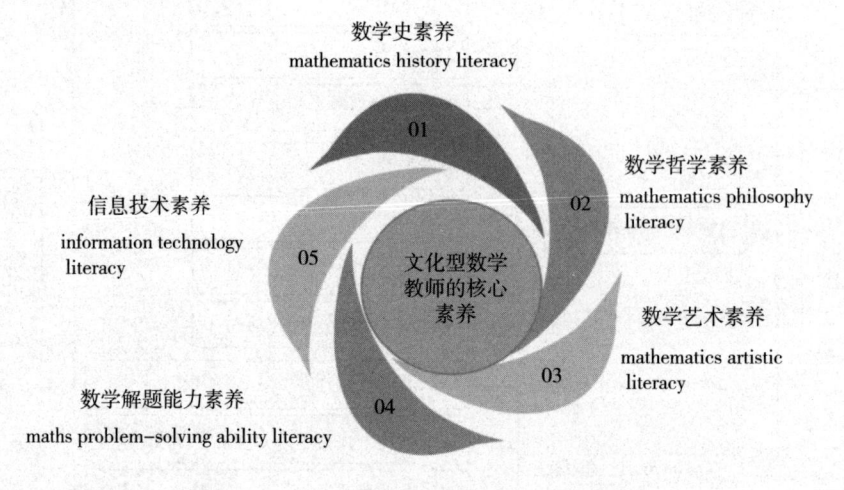

图1-3　文化型数学教师的核心专业素养构成

第三节　文化型数学教师应具备的核心专业素养

一、数学史素养

所谓数学教师的数学史素养，就是数学教师应该知道所要讲授的数学知识在历史上的来龙去脉，以便结合学生的实际情况开展相关数学文化教育。2003年，中华人民共和国教育部颁布的《普通高中数学课程标准（实验稿）》提出，数学史选讲作为选修课的一个专题正式引入高中课程。新课标中则有多处要求学生搜集、阅读数学知识的形成与发展的历史资料的要求，相当于对老师也提出了相同的要求。[①]

中国数学文化研究的活跃人物、著名数学史专家、全国数学史学会前理事长李文林于2011年在《数学通报》提出了数学史素养。他认为，重视数学史与数学文化在数学教学中的作用，实际上可以说是一种国际现象，数学史可以帮助学生理解数学的概念、方法、思想，帮助学生体会生动的数学创造过程，培养学生的创造性思维能力，帮助学生了解数学的应用价值和文化价值，明确学习数学的目的，增强学习数学的动力。可以相信，数学史与数学教育的结合将能达到预定的目标，能够帮助教师提高自身的数学素养和理论水平，帮助学生在学习、研究和应用数学的过程中逐渐体会，不断提高对数学文化价值的认识和加深对数学自身的理解，从而全面提高数学乃至其他课程的教学质量，所以，数学史素养应该成为数学老师的必备素养。[②]

[①] 中华人民共和国教育部. 普通高中数学课程标准：2017年版 [M]. 北京：人民教育出版社，2018.

[②] 李文林. 学一点数学史：谈谈中学数学教师的数学史素养 [J]. 数学通报，2011（4/5）：1-5.

原四川师范大学数学学院徐品方副教授认为①，数学文化教育的一半内容都可以与数学史发生联系。因此，充分利用数学史，是进行数学文化教育的重要方法。

之所以需要重视数学史在中学数学教学中的运用，是因为中学数学的研究范围，早就是人类已经深入研究的成熟知识，这些知识作为基础知识在被中学生学习时，可能会符合一定的重演法则。所谓"重演法则"，是由于学生在自然成长的过程中，其数学方面的认知总是从形象数学到抽象数学，从简单数学到复杂数学，从平面数学到立体数学，等等，这些过程正是重复整个人类发现数学和使用数学的过程，当然这些过程会随着时代的变化稍有不同。

数学史在数学教育中的重要作用早在19世纪就已经被中外数学家与数学教育学家所认识。1972年，在英国埃克塞特召开的第二届国际数学教育大会上，成立了数学史与数学教学关联国际研究小组（International Study Group on the Relations between History and Pedagogy of Mathematics，简称HPM），现在HPM已经成为ICMI的一个专门委员会。目前，内蒙古师范大学郭世荣教授担任国际数学史委员会委员，西北大学曲安京教授担任中国片区负责人，这对中国数学史和数学教育的发展产生了重要的影响。在曾经担任国际数学史委员会委员李文林研究员的倡议下，中国数学会数学史分会每两年开展一次全国数学史与数学教育研讨会，培养了一大批年轻学者，得到了丰富的成果。以华东师范大学汪晓勤教授、邹佳晨为带头人的团队则在全国范围内招募高中、初中、小学的数学教师，积极开展HPM融入课堂的案例研究，为中国HPM事业的发展尽绵薄之力，得到了众多参与教师的一致好评。

对此，中国著名数学家吴文俊有充分的认识，他认为："假如你对数学史的历史发展，对一个领域的产生和发展，对一个理论的兴旺和衰弱，对一个概念的来龙去脉，对一种重要思想的产生和影响等许多历史因素都弄清了，我想对数学就会了解得多，对数学的现状就会知道得更清楚、更深刻，还可以对数学的未来起一种指导作用。"

【案例1】高中"随机事件的概率"中数学史的运用

高中"随机事件的概率"这节课，如果只是站在常规的角度来设计，不脱离高中知识的范围，容易陷入只讲定义、忙于解题、机械套用的俗路。充分挖

---

① 四川省数学史研究的领头人之一徐品方副教授在2006年四川省数学会宜宾年会上发表的看法。

掘数学文化的教育因素，使用基于历史发生原理的角度来设计这节课才有特别的风格。

　　首先要搞清这节课在整个高中数学课程中的地位。整个高中数学一共讲了三个概率的定义：频率定义、古典概率定义、几何概率定义。这三个定义从历史的角度来看，应该是先有古典概率定义（1812年，Laplace），接着是几何概率定义（19世纪逐渐形成），最后是频率定义（19世纪末期形成，需要运用统计知识）。其中，概率的频率定义突破了前两种定义里的随机试验中要求"结果等可能"的限制，因而更具有一般性。从理论上说，古典概率与几何概率也能够通过大量重复试验由频率的稳定性得出，故而频率定义可以包纳前两种。

　　这节课的设计思路要体现这个结论的话，必须设计不均匀硬币的抛掷试验或习题，以体现其不可替代性。否则的话，学生会问：没有抛掷前就可以由古典概率的定义知道结果为1/2，为什么还要辛辛苦苦地做试验？初中讲概率的定义也是通过大量试验来设计教学环节，高中有什么必要再来做抛掷硬币的试验来定义概率呢？另外，整节课应该把定义中"随着试验次数的增加"作为抛掷硬币的主要流程，即个人抛掷结果统计→小组抛掷结果统计→全班抛掷结果统计。这样，做一次试验，统计方法不同，可以近似达到大量抛掷的效果。其三，本节课里有历史上数学家抛掷均匀硬币的试验记录（表1-5），有重要的思想教育价值，不可一带而过，应抓住机会教育学生为了真理而奋斗终生的理念。联系数学史的观点来进行数学课堂设计，可以还原部分历史真相，更加引人入胜。

表1-5　历史上数学家抛掷均匀硬币的试验记录

试验者	国度	生活世纪	抛掷次数（n）	正面朝上次数（m）	正面朝上频率（m/n）
棣莫弗	法国	17—18	2 048	1 061	0.518 1
蒲丰	法国	18	4 040	2 048	0.506 0
费勒	美国	20	10 000	4 979	0.497 9
皮尔逊	英国	19—20	24 000	12 012	0.500 5

表1-5显示的数学文化方面的教育价值体现在：如果需要抛掷硬币24 000次，请问需要多少人力来抛掷计数？需要多少时间操作？虽然过程很枯燥，但是这些数学家不觉得累，他们为了真理，付出了时间，收获了快乐，得到了真知，留下了英名。

二、数学哲学素养

所谓数学教师的数学哲学素养，就是数学教师应该知道一些哲学的思想与方法，然后利用哲学的一些方法教数学。这里的哲学不仅包含数学知识本身隐含的哲学，也有数学教育过程中的哲学。

当学习到达一定高度的时候，数学和哲学的联系越来越紧密，美国数学家波利亚（George Pol）和中国数学家傅仲孙都提倡把数学哲学和数学方法论应用于数学教学之中。中国数学家徐利治教授在中国进一步开创性地进行了数学哲学的研究工作，他和郑毓信的著作《数学模式论》的出版，使"中国学者终于有机会在数学哲学领域表明自己的独立思考、留下自己理论建树的足迹，事实上标志着中国数学哲学的兴起"。徐利治教授创造了"一种包罗万象的方法论原则"——RMI原则。RMI是关系（Relationship）、映射（Mapping）、反演（Inversion）原则的简称。该原则可表述为：给定一个含有目标原象x的关系结构系统S，如果能找到一个确定的映射f，将S映入或映满S'，在S'通过一定的数学方法把目标映象x'确定出来，从而通过反演（即逆映射）f^{-1}便可把$x = f^{-1}(x')$确定出来。RMI原则被广泛应用于数学、工程技术及应用科学中，在中学数学中也有很多应用，其核心就是一种转化，它的基本思想如图1-4所示。

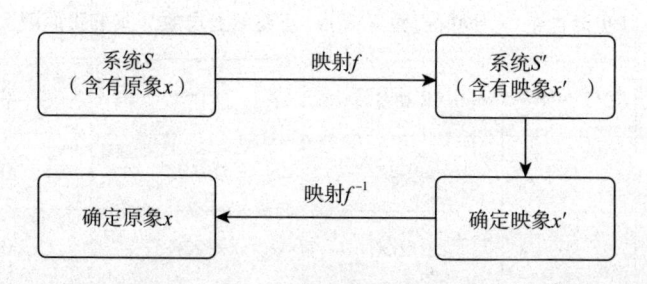

图1-4 RMI原则图示

比如：对数的运算性质$\log_a(MN) = \log_a M + \log_a N$的推导过程就运用了RMI原则：先令$\log_a M = p, \log_a N = q$，由对数定义转化为指数形式得$a^p = M, a^q =$

N，故 $MN = a^{p+q}$，最后再将指数式化回对数式，即 $\log_a(MN) = p + q$，这样，先由对数到指数，再由指数回到对数，形成一个完整的 RMI 过程。这个过程在我们教授学生公式的推导过程中就有很大的指引作用。

在数学教育过程中也有哲学，比如 MM 教育方式提倡的两个原则是既教证明又教猜想的原则和教学、学习、研究（发现）同步协调原则，含有丰富的哲学道理。新课标在教学建议中也有多个具有哲学的道理，比如在教学与评价建议中要求"整体把握教学内容，促进数学学科核心素养连续性和阶段性发展""既要重视教，也要重视学，促进学生学会学习"。[①]

人民教育出版社章建跃博士认为，从教学的角度看数学知识，可以有如下的一种结构（见图 1-5）。[②] 该图示说明，哲学观点是教师认识的起点，同时是学生认识的终点，也就是说，章博士认为，数学教师应该将学生认识的观点拔高到哲学高度，这才是好的数学教学。

图 1-5 章建跃师生认识结构图

我国的数学教育一直就很重视哲学方面的思想教育，特别是辩证唯物主义的教育。比如 2000 年教育部颁布了《九年义务教育全日制初级中学数学教学大纲（试用修订版）》规定："培养学生良好的个性品质和初步的辩证唯物主义的观点。"这里的辩证唯物主义属于马克思主义哲学。

国际上，荷兰数学教育家弗赖登塔尔（H. Freudenthal）在 20 世纪六七十年代就曾经提出了数学教育哲学的概念，并进行了较为深入的研究。在以英国学

---

① 中华人民共和国教育部. 普通高中数学课程标准：2017 年版 [M]. 北京：人民教育出版社，2018：20, 21, 29, 82-83.
② 章建跃. 章建跃数学教育随想录 [M]. 杭州：浙江教育出版社，2017 (6)：553.

者欧内斯特（P. Ernest）为代表的数学教育家们的共同努力下，数学教育哲学在近年来得到了系统的发展，并于 1992 年正式纳入 ICME-7 的议程之中，会议主要组织者欧内斯特认为："数学教育哲学涉及四个不同的领域：对象（数学），教师和教学，学生和学习，以及社会环境。它们引出了一系列的哲学问题，包括数学哲学，教学的目的和理论，中介物（教材、计算机等）的应用，学习理论，以及所有这些在整个文化环境中的关系等等。"数学哲学这一学科在世界上建立已久，其教育作用也一直被国际数学教育哲学团体（The Philosophy of Mathematics Education Network，简称 POME）关注。目前，中国南京大学郑毓信教授担任国际数学教育哲学团体（POME）的核心组成员，这对中国数学教育哲学的发展起到了重要的推动作用，需要说明的是，郑毓信教授是徐利治教授的学生，而徐利治教授是华罗庚教授的学生。

特别需要注意的是，在数学教育哲学的思考之中，郑毓信教授提出了一个重要的角度供我们参考，这就是：就具体研究数学学习活动而言，我们不应该以数学家的思维（思维方法、思维形式等）作为数学学习活动分析的主要内容——尽管这种研究有一定的意义，特别是具体地表明了数学学习在思维训练方面的基本目标；但是，数学学习活动分析的主要对象显然应当是学生的思维活动。[1] 请注意，郑教授这个提法与在数学文化教育中直接应用数学史的提法不太相同，因为如果要直接应用数学史，就必须以数学家的思维（思维方法、思维形式等）作为数学学习活动分析的主要内容，然后结合现实来对学生进行恰当的数学文化教育。

所以，科学研究的不同角度开阔了数学教育研究的不同思路，也许这两种说法各有一定的道理。我们应该先研究历史上数学家的思维（思维方法、思维形式等），了解这个教学内容的基本情况，然后结合当今学生可能的学习思维活动设计教学过程，施教后若有问题再进行调整，最后成为成熟案例，这就是笔者认为的一种融合数学史与数学教育哲学两种观点的学校数学教学模式。该模式的操作流程如图 1-6：

---

[1] 郑毓信. 数学教育哲学 [M]. 成都：四川教育出版社，2001：448.

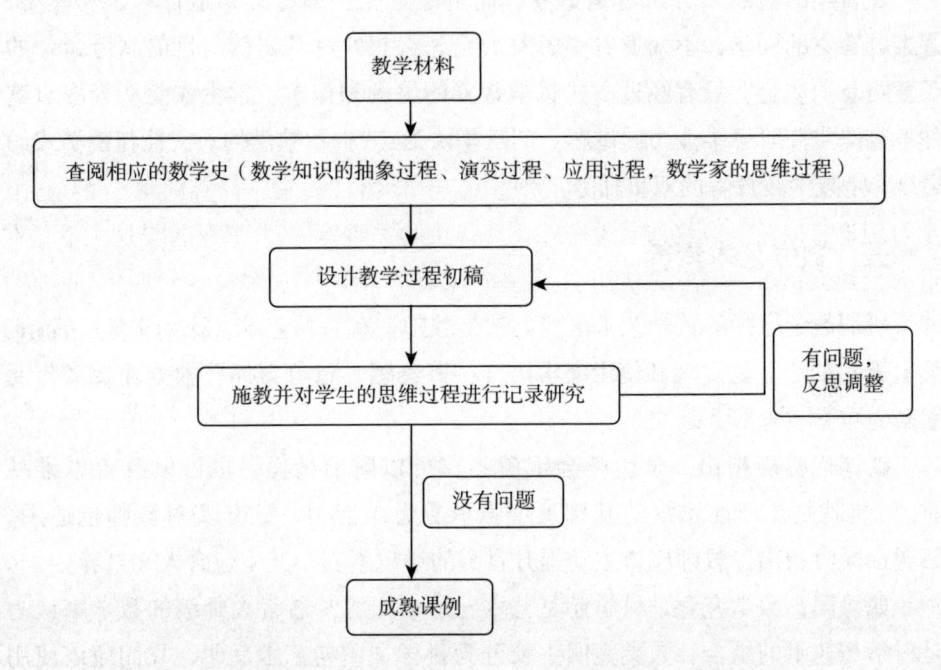

```
           ┌──────────┐
           │ 教学材料 │
           └────┬─────┘
                ▼
┌──────────────────────────────────────────────────────────────┐
│ 查阅相应的数学史（数学知识的抽象过程、演变过程、应用过程，数学家的思维过程） │
└──────────────────────────┬───────────────────────────────────┘
                ▼
        ┌──────────────┐
        │设计教学过程初稿│◄──────────┐
        └──────┬───────┘            │
               ▼              ┌───────────┐
    ┌──────────────────────┐  │ 有问题，  │
    │施教并对学生的思维过程进行记录研究│─►│ 反思调整  │
    └──────────┬───────────┘  └───────────┘
               ▼
         ┌──────────┐
         │ 没有问题 │
         └────┬─────┘
              ▼
        ┌──────────┐
        │ 成熟课例 │
        └──────────┘
```

图 1-6　融合数学史与数学教育哲学两种观点的数学文化教学模式

【案例2】 孙维刚老师的整体教学例子——红蓝墨水问题

甲杯中盛有红墨水 800 mL，乙杯中盛有蓝墨水 400 mL，现在用一个容积为 50 mL 的小杯子从甲杯中盛走一小杯红墨水倾入乙杯。

(1) 待乙杯中两种墨水混合均匀后，从乙杯中盛走一小杯混合液倾入甲杯中，试问，这时乙杯中的混入红墨水的液量和甲杯中混进来的蓝墨水的液量相比，哪个更多？

(2) 未等乙杯中两种墨水混合均匀，即从乙杯中盛走一小杯混合液倾入甲杯中，试问，这时乙杯中混入的红墨水的液量和甲杯中混进来的蓝墨水的液量相比，哪个更多？

孙维刚老师认为，其实，无论是 (1) 或者是 (2)，答案都是一样多。编出来的这些数字800，400，50 都是骗人的。很多人受制于墨水来回倾倒眼花缭乱的假象，思维受阻，特别是第 (2) 小题，基本感到无法解答。但是换个角度看问题：注意到在两次倒入之后，甲杯的液面高度没有变，但它混入了蓝墨水，这些蓝墨水的位置是原先红墨水的位置，现在这些红墨水到了乙杯中，所以乙杯中混入的红墨水的液量和甲杯中混进来的蓝墨水的液量一样多。

从哲学的观点来分析这道试题，简直是享受！那些只知道计算、套模型、背难题答案的同学，不知道看了解答后会怎么想？这其实就与目前高考命题的反套路意识吻合。只有经过一些哲学素养的熏陶和探索，学生才能从容应对这种考查课堂高阶思维能力的试题。刘献军认为："揭示数学的人文性与哲学式的思维，是数学教育者的双重任务。"①

三、数学艺术素养

所谓数学教师的数学艺术素养，就是教师拥有一颗艺术（比如文学、音乐、美术等）的心，能发现和使用文学语言、审美感、想象力等艺术方面的文化元素来为数学教育服务。

新课标明确指出：学生学会审美不仅可以陶冶情操，也可以改善思维品质。② 也就是在理性思维的基础上增强形象思维能力，这其实对教师也适用。新课标同时指出，教师应该主动提升自身的通识素养，其中包含人文素养。③

如果问：数学究竟是科学还是艺术？怎么回答？通常大师级的数学家认为是科学与艺术的结合。人类文明主要分为科学文明与艺术文明，我们应该使用两种文明综合起来的智慧武装自己才能走得更高更远。法国著名作家福楼拜（Gustave Flaubert）曾说：越往前走，艺术越要科学化，同时，科学也要艺术化，科学和艺术在山麓分手，回头又在顶峰汇合。英国数学家哈代（G. H. Hardy）曾说过，数学家跟画家或诗人一样，也是造型家，区别仅仅在于：画家造型用形与色，诗人用语言，而数学家则是用概念来塑造。④ 美国数学家哈尔莫斯（Paul Halmos）曾说过：数学是创造性的艺术，因为数学家创造了美好的新概念；数学是创造性的艺术，因为数学家的生活、言行如同艺术家一样；数学是创造性的艺术，因为数学家就是这样认为的。

互动百科上，中国数学家徐利治教授倡议学数学要学好文学、关心艺术，因为这不仅是提高文化素质的手段之一，而且在于数学研究与文学、艺术的创

---

① 刘献军. 数学界的文化自信与文化自觉［J］. 自然辩证法通讯，2012（1）：121.
② 中华人民共和国教育部. 普通高中数学课程标准：2017 年版［M］. 北京：人民教育出版社，2017：69.
③ 中华人民共和国教育部. 普通高中数学课程标准：2017 年版［M］. 北京：人民教育出版社，2017：97.
④ 哈代. 一个数学家的辩白［M］. 李文林，戴宗铎，高嵘，译. 大连：大连理工大学出版社，2009：33.

造有许多内在的相通之处，这有利于想象力、创造力的发挥。

我国著名数学家苏步青是数学学习者应该具有文字语言素养的提倡者。他曾经说过：如果说数学是各门学科的基础，那么语文就是这个基础的基础。我们知道，数学本身就是一种语言，也许它与文学语言在某些地方的确具有相通性，菲尔兹奖获得者、华人著名数学家邱成桐说过，他特别喜欢《史记》，因为他从里面得到过研究数学的动力和灵感。另外一方面，教师的文学语言高低直接影响学生对于数学的掌握程度，所以良好的文字语言功底应该是数学教师的最基本素养之一。法国著名文学家雨果（Victor Hugo）曾说过：数学到了最后阶段就遇到想象，在圆锥曲线、对数、概率、微积分中，想象成了计算的系数，于是数学也就成了诗。可见，文字语言素养可以提升数学教师的想象力与表达能力。

北京大学张顺燕教授是数学学习者应该拥有美学素养的提倡者。他在《数学文化及其应用》认为："顺便指出，数学本身就是美学的四大构件之一。这四大构件是，史诗、音乐、造型（绘画、建筑等）和数学。因而数学教育是审美素质教育的一部分。""为什么我们这样重视美？并把它作为数学发展的动力与价值标准的一个重要因素呢？因为人们常常忽视它。人们只重视实用方面、科学方面，而对于审美情趣、智力挑战、心灵的愉悦诸方面，要么不予承认，即使承认，也认为只不过是次要的因素。但事实上，实用的、科学的、美学的和哲学的因素共同促进了数学的形成。把这些作出贡献、产生影响的因素除去任何一个，或抬高一个而贬低另一个都是违反数学发展史的。"

古希腊哲学家、数学家普洛克拉斯（Procrus）断言："哪里有数，哪里就有美，数学在很大程度上是一门艺术，它的发展总是起源于美学准则，数学问题的解决有时依赖于一种神秘的"灵感"。法国数学家彭加勒（Henri Poincaré）认为：缺乏审美感的人不会成为真正的创造者。[1] 中国著名数学家王元认为，美是诗歌和数学的共同标准，数学的美表现为简洁、深刻、神秘，诗歌也大体如此。虽然数学教师不是数学家，但若能适当借鉴数学审美为数学教学服务，必使得师生心灵愉悦，创造性地完成数学教学。西南交通大学邢妍认为，数学教学的审美构成[2]如下（图1-7）：

---

[1] 昂利·彭加勒. 科学的价值 [M]. 李醒民，译. 北京：光明日报出版社，1988：383.
[2] 邢妍. 数学文化的应用与实践 [M]. 成都：西南交通大学出版社，2010：31.

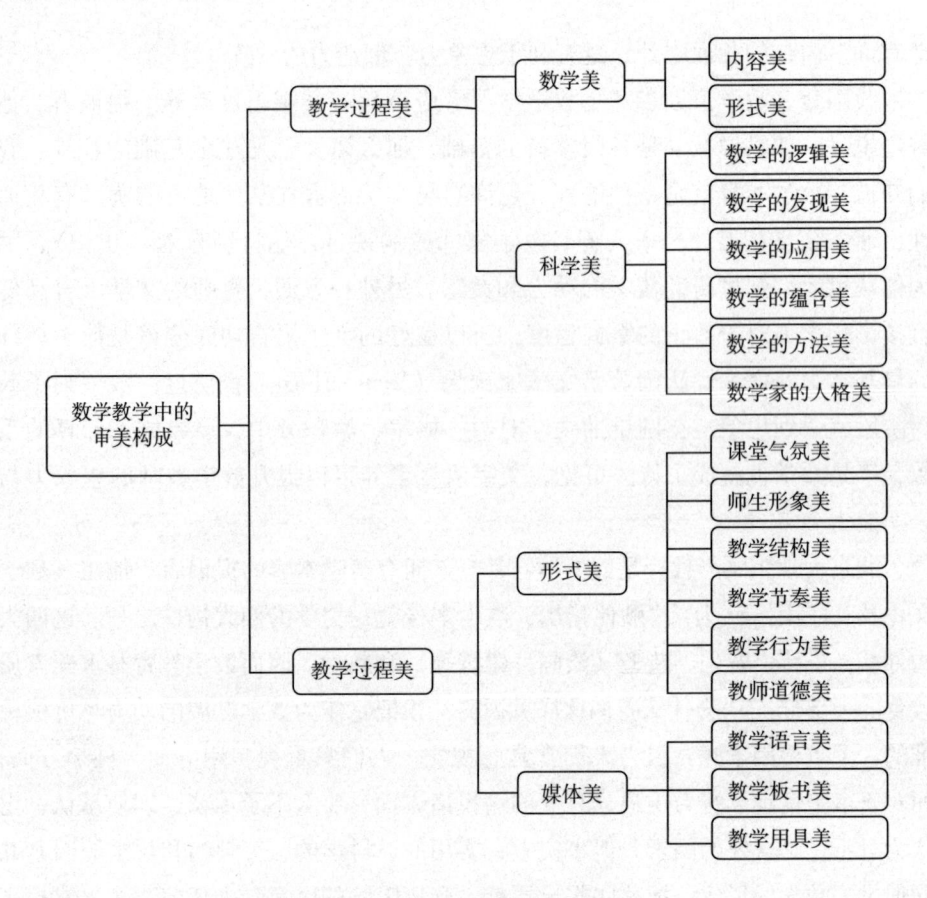

```
                                        ┌─ 数学美 ─┬─ 内容美
                    ┌─ 教学过程美 ─┤         └─ 形式美
                    │                    │
                    │                    │         ┌─ 数学的逻辑美
                    │                    │         ├─ 数学的发现美
                    │                    └─ 科学美 ─┼─ 数学的应用美
                    │                              ├─ 数学的蕴含美
  数学教学中的       │                              ├─ 数学的方法美
  审美构成 ─────────┤                              └─ 数学家的人格美
                    │
                    │                              ┌─ 课堂气氛美
                    │                              ├─ 师生形象美
                    │                    ┌─ 形式美 ─┼─ 教学结构美
                    │                    │         ├─ 教学节奏美
                    └─ 教学过程美 ───────┤         ├─ 教学行为美
                                         │         └─ 教师道德美
                                         │
                                         │         ┌─ 教学语言美
                                         └─ 媒体美 ─┼─ 教学板书美
                                                   └─ 教学用具美
```

图 1-7　数学教学的审美构成

数学不仅在科研中有用，也有促进人类美好生活的作用，这一点可能对于学生也有启发。笔者在杭州胡雪岩故居拍到他曾用到的七巧板方桌（图 1-8），其巧妙地利用七巧板随意搭配的性质，可以根据需要和心情实现随意组合，提高了美好生活的幸福感。

图 1-8　胡雪岩曾经使用过的七巧板方桌

美国数学家克莱因（M. Kline）则是数学研究者应该具有音乐素养的提倡者。他说过："在代数、微积分以及高等分析等数学领域，第一流的数学家依靠的是像作曲家那样的灵感。作曲家们觉得自己把握了一个主题、一个乐章，经过适当的发展和修改，就会形成美妙的音乐，经验和有关的音乐知识使作曲家能够得心应手地进行创作。类似地，数学家们预感到一个合乎某一公理的结论，经验和数学知识引导他们的思路进入正确的轨道。当然，在形成一个正确的、令人满意的定理之前，一两次修正是必要的。但是，数学家和音乐家基本上是受一种神圣的灵感所驱动，这种灵感使得他们能够在打下基石之前就能洞悉大厦的全貌。"[1]

【案例3】一个单变量导数不等式的分析证明过程就像一首歌，极有意思

利用导数知识证明单变量函数不等式：当 $x > 1$ 时，$\dfrac{\ln x}{x+1} + \dfrac{1}{x} > \dfrac{\ln x}{x-1}$。

我们可以来玩一玩：$a_1 = 1, a_2 = 1$，$a_{n+2} = a_{n+1} + a_n$。

第一种玩法：直接构造函数。令 $f(x) = \dfrac{\ln x}{x+1} + \dfrac{1}{x} - \dfrac{\ln x}{x-1}$，只需证最小值大于零。

第二种玩法：变形再构造函数：

去掉一个分母的玩法三种，分别证 $\dfrac{x\ln x}{x+1} + 1 > \dfrac{x\ln x}{x-1}$，或者证 $\ln x + \dfrac{x+1}{x} > \dfrac{(x+1)\ln x}{x-1}$，或者证 $\dfrac{(x-1)\ln x}{x+1} + \dfrac{x-1}{x} > \ln x$；

去掉两个分母的玩法三种：略；

去掉三个分母的玩法一种：即证 $x(x-1)\ln x + (x+1)(x-1) > (x+1)x\ln x$（经过实践，这条思路可以实现）；

将分子变到分母上的玩法一种：$\dfrac{1}{x+1} + \dfrac{1}{x\ln x} > \dfrac{1}{x-1}$；

将 $\ln x$ 分离后，两边变成指数式的玩法一种：$x < e^{\frac{x^2-1}{2x}}$；

既将分母去掉，又将一些非分母的项变到分母上的玩法：（略）；

第三种玩法：构造双函数，左边令为 $u(x)$，右边令为 $v(x)$，只需证明 $u(x)_{\min} > v(x)_{\max}$（经过实践，这条思路可以实现）。

这道试题的分析过程，很像一首歌，一首既高亢又低沉，既直白又婉转的

---

[1] 克莱因. 西方文化中的数学 [M]. 张祖贵, 译. 上海：复旦大学出版社, 2004：457.

好歌，思维过程跌宕起伏，峰回路转，极具跳跃性。

【案例4】李尚志教授主编教材的章头诗，具有诗歌的高度跳跃性，与数学类似

三角函数

东升西落照苍穹，影短影长角不同。
昼夜循环潮起伏，冬春更替草枯荣。

立体几何

锥顶柱身立海天，高低大小也浑然。
平行垂直皆风景，有角有棱足壮观。

圆锥曲线

平面截锥曲线三，有开有闭各飞天。
行星绕日椭圆轨，抛物双曲不复还。

解析几何

代数几何熔一炉，乾坤变幻坐标书。
图形百态方程绘，曲线千姿运算求。

李尚志教授认为，数学如中国诗词一般美丽，作为另一种语言形式，不仅使语言的美达到极致，而且作为人类文化的瑰宝世代流传不绝，并不断发扬光大。因为数学即是诗，诗即是数学。数学、诗歌、自然现象，甚至社会现象，在李尚志的大脑中，已经和谐、自然地融为一体。

四、解题能力素养

所谓数学教师的解题能力素养，就是数学教师应该是解决数学问题的能手，能够为学生解决数学问题提供过程指导，也就能够利用试题的解决过程来育人。

1975年5月，美国数学家哈尔莫斯（Paul Halmos）在《美国数学月刊》发表的《解题的教学》中提出"问题是数学的心脏"，1980年，其在《美国数学月刊》发表的《数学的心脏》中指出"数学家存在的主要理由，就是解题，因此，数学的真正组成部分，是题和解"，所以数学学习离不开解题。美国著名数学家波利亚（George Polya）在《怎样解题》中也认为，数学教师最重要的任务之一是帮助学生解题。作为中国解题教学理论研究领先的罗增儒教授也认为，数学教学离不开解题，数学解题过程可以分为四步：简单模仿→变式练习→自发领悟→自觉分析。

数学教师的核心能力是什么？一个国家的数学教师的核心竞争力最终体现在哪里呢？当然是解决问题的能力，不仅会解一般的试题，也会解非常规试题，即这里的"题"不仅包含有标准答案的习题，也包含开放式、没有标准答案的题，甚至泛指一切可以使用数学知识求解的问题。

千万不能对数学习题采取攻击和否定的态度，认为凡是提倡做习题的数学教学方式都是不好的。其实不做习题的数学教学是不完整的数学教学。当然，需要解决的问题太多也不好，这里面有一个度。著名数学特级教师孙维刚认为，一定要讲究做题的方法：一是一题多解、多题归一、有所总结；二是对待失误，善于反思，吃一堑长一智；三是举一反三，善于发现，有所前进。①

另外，解题也会培养学生健全的心理素质。教会学生解题，实际上就是一种心理活动，一定要正确引导学生找到做正确与做失败的真正原因。比如"走一步再看"作为重要的解题原则，之所以重要，就是因为很多同学在解题时，畏畏缩缩，瞻前顾后，不敢下笔，实际上是心理问题。有很多习题，跨出了解题的第一步，后面就很简单。所以老师在解题教学时要亲自示范，不怕困难，走过学生可能要走的沟沟坎坎，最终得出答案，这样就把学生对困难试题的归因归结为：我不该放弃试探，原来这么简单。下一次遇见，我想学生会充满斗志，勇往直前的。一定要避免将自己做不出的焦虑感传递给学生，将原因归结为试题困难，自己缺乏能力。这样今后面对人生，他就有勇气不惧任何挑战，从而获得成功。

所以美国著名数学家波利亚（George Polya）说："教学生解题是意志的教育。当学生求解对他来说并不容易的题目时，他学会了败而不馁，学会了赞赏微小的进步，学会了等待主要的念头，学会了当主要念头出现后全力以赴。如果学生在学校中没有机会尝尽为求解而奋斗带来的喜怒哀乐，那么他的数学教育就在最重要的地方失败了。"② 也就是说，不要觉得解题只是简单重复和无效劳动，数学解题中也至少包含意志教育和创新活动等育人的重要功能。

【案例5】学生对空间法向量在求空间二面角的用法的改进

目前在高中数学中，引进空间直角坐标系与法向量后，二面角的算法变得程序化，不需要作出二面角的平面角再计算，极大地降低了解题难度。但是，这个算法要求事先需要观察二面角是钝角还是锐角，若观察不准确，则求出的二面角恰好是所求二面角的补角，从而导致解题失败。经过笔者几轮的教学实

---

① 孙维刚. 孙维刚高中数学[M]. 北京：北京大学出版社，2006.
② 波利亚. 怎样解题[M]. 阎育苏，译. 北京：科学出版社，1982：93.

践，高中理科学生完全可以掌握以下知识。

一般的，在空间直角坐标系中，设 x、y、z 轴上的单位向量分别为 $\vec{i},\vec{j},\vec{k}$，若 $\vec{a}=(a_1,a_2,a_3)$，$\vec{b}=(b_1,b_2,b_3)$，$\vec{a}$ 不平行 $\vec{b}$，那么 $\vec{a}\times\vec{b}$ 是与 $\vec{a}$ 和 $\vec{b}$ 都垂直的一个向量，它的方向由右手定则确定，而它的坐标可以用行列式来计算：

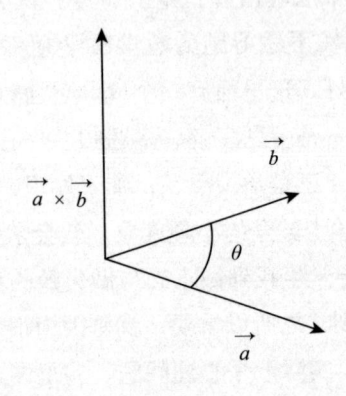

图 1-9

$$\vec{a}\times\vec{b}=\begin{vmatrix}\vec{i}&\vec{j}&\vec{k}\\a_1&a_2&a_3\\b_1&b_2&b_3\end{vmatrix}=\left(\begin{vmatrix}a_2&a_3\\b_2&b_3\end{vmatrix},-\begin{vmatrix}a_1&a_3\\b_1&b_3\end{vmatrix},\begin{vmatrix}a_1&a_2\\b_1&b_2\end{vmatrix}\right)$$

$$=(a_2b_3-a_3b_2,a_3b_1-a_1b_3,a_1b_2-a_2b_1).$$

必须指明，使用右手定则时，$\vec{a}$ 以不超过 180 度的转角转向 $\vec{b}$ 时，竖起的大拇指的指向才是 $\vec{a}\times\vec{b}$ 的方向，否则会搞错。

应用以上知识即可轻松求出平面的法向量而且能快速判定其方向。在判别了法向量的方向的前提下，可以使用以下定理求二面角的大小，不必事先判别二面角的钝锐。

定理：设二面角 $\alpha-l-\beta$ 的大小为 θ，α 的法向量为 $\vec{n_1}$，β 的法向量为 $\vec{n_2}$，把 $\vec{n_1}$ 的起点移至 α 内且不在交线 l 上，把 $\vec{n_2}$ 的起点移至 β 内且不在交线 l 上：

(1) 当 $\vec{n_1}$ 与 $\vec{n_2}$ 都指向二面角内部或都指向二面角外部时，二面角 $\theta=\pi-\langle\vec{n_1},\vec{n_2}\rangle$；

(2) 当 $\vec{n_1}$ 与 $\vec{n_2}$ 一个指向二面角内部，另一个指向二面角外部时，二面角 $\theta=\langle\vec{n_1},\vec{n_2}\rangle$.

但是学生秦香茗提出：设二面角 $A-BC-D$ 的大小为 θ，若使用 $\vec{BC}\times\vec{BA}$ 计

算平面 ABC 的法向量 $\vec{n_1}$，$\vec{BC} \times \vec{BD}$ 计算平面 BCD 的法向量 $\vec{n_2}$，那么 $\theta = \langle \vec{n_1}, \vec{n_2} \rangle$。这样就不必每次讨论互补或者相等的问题。（这个学生后来考上了北京航空航天大学的软件工程专业）

可以看出，这个案例中，学生通过解题的实践，还发现了更为方便快捷的解题方式，学生的思维具有很强的创新性。在民主宽松的教学环境下，数学教师解题能力素养具有一种文化引导的功能。教师的解题方法就如抛砖引玉一般，学生接受后可能优化教师的解法，从而使得师生共同领略数学文化的不同魅力，其实就是数学文化发展的一种范例，也就是说，解题过程也有育人的功能。

五、信息技术素养

在当今信息社会，数学教师如果能使用信息技术为数学教学服务，那么就拥有了信息技术素养。新课标明确指出：教师应该主动提升自身的通识素养，其中包含息技术素养[1]。

十余年前数学教学使用信息技术的说法是：计算机辅助数学教学，也就是 CAI 辅助数学教学。MM 教育方式认为，粉笔加黑板的教学方式构造数学图形的主要缺点就是：画图粗糙、画图烦琐，无法看出连续演变的过程和精细微妙之处，构图迟缓，课堂效率低下；无法看出图形的内部结构和截口形状；粉笔加黑板的教学方式对于观测资料，一是计算和搜集困难，二是无法迅速列表、排列、对比等等，因而难以作出合理的猜想。MM 教育方式提出 CAI 的 3 个教学原理是连续运动原理、分裂合并原理、膨胀收缩原理，实际上就是构造数学图形的主要原理。[2]

现在信息技术用于数学教学，一般的说法是信息技术与数学教学整合，并且提倡深度融合，提倡进行"智慧教学"。数学课程标准明确指出：在"互联网+"时代，信息技术的广泛应用正在对数学教育产生深刻影响。在数学教学中，信息技术是学生学习和教师教学的重要辅助手段，为师生交流、生生交流、人机交流搭建了平台，为学习和教学提供了丰富的资源。因此，教师应该重视

---

[1] 中华人民共和国教育部. 普通高中数学课程标准：2017 年版 [M]. 北京：人民教育出版社，2017：97.

[2] 杨世明，周春荔，徐沥泉，王光明，郭璋. MM 教育方式理论与实践 [M]. 香港：香港新闻出版社，2002：214.

信息技术的运用，优化课堂教学，转变教学与学习方式。①

著名数学家张景中院士提出了教育数学这个概念。教育数学，是一个基于数学教育的需要，对数学研究成果及数学教材进行再创造式的整理，提供教学法加工材料的、介于教育学与数学之间的以数学为主体的、新兴的交叉学科，张景中领头成立了中国高等教育学会教育数学专业委员会并担任首届理事长。教育数学的任务在于改革中国高等数学教育和学校数学教育的课程与教材，编制有关的数学软件，进行各种数学实验。② 所以，以张景中院士为代表的数学家大力倡导我们数学教师应该拥有信息技术素养。

虽然中国的课程标准和教科书一再要求课堂重视使用信息技术，但是，受制于高考，无法很好地考查这个能力，没有得到真正落实。目前，国内很多学校的数学教育仍然在纯粹的"理性思维"的自我陶醉中，不注意研究与计算机以及网络的整合，把自己隔离在世界发展的主要潮流之外。中国人民教育出版社章建跃博士一再提醒大家：信息化社会中，迅速的运算、高超的技巧已不值得炫耀了。如果还继续沉浸在（数学）双基扎实、解题能力强、考试成绩好的自我安慰中，那么结果只能是子子孙孙为别人打工，这绝不是危言耸听！

浙江师大张维忠教授团队认为，使用计算机辅助技术，有利于教学情境设计；培养学生的创造性思维能力；促进学生数学知识认知结构的构建；另外，计算机还是数学文化传统与数学教育现代化的桥梁。③

其实，计算机被发明以来，深刻地影响了科学的发展，现代任意一门学科基本上形成了一种"人脑+计算机"的思维模式，数学的发展也不例外。数学发展历史上，利用计算机证明或者否定前人数学成果的例子相当的多。实验证明，信息技术与数学课程整合能充分发挥学生的主动性与创造性，有利于新型教学模式的建构，能为学生创新能力的培养营造最理想的教学环境。

比如在公元1769年，瑞士数学家欧拉（Euler）曾对费马大定理④进行了创

---

① 中华人民共和国教育部. 普通高中数学课程标准：2017年版 [M]. 北京：人民教育出版社，2017：83.
② 中国高等教育学会教育数学专业委员会成立大会将在广州大学召开 [J]. 数学通报，2004（4）：封三.
③ 张维忠. 文化传统与数学教育现代化 [J]. 教育研究，2005（8）：36–41.
④ 费马大定理：当整数 $n>2$ 时，关于 x, y, z 的方程 $x^n + y^n = z^n$ 没有正整数解。1995年已被英国数学家安德鲁·怀尔斯（Andrew Wiles）证明。

新，他提出方程 $a^4+b^4+c^4=d^4$ 没有正整数解的假设，其后200多年的历史上，没有人可以对这个命题证明或者证伪，直到美国哈佛大学的埃尔基斯（Noam Elkies）通过计算机发现了反例（图1-10）：

$a=2,682,440$
$b=15,365,639$
$c=18,796,760$
$d=20,516,673$

$a^4+b^4+c^4=d^4$

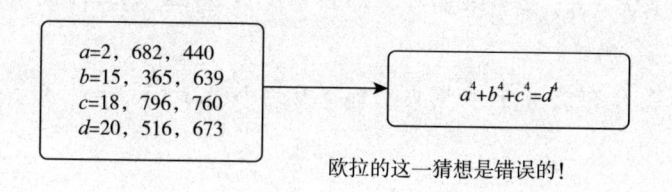

欧拉的这一猜想是错误的！

图1-10 人类使用计算机检查反思以前的数学知识

【案例6】信息技术帮助理解一个解析几何试题的拓展

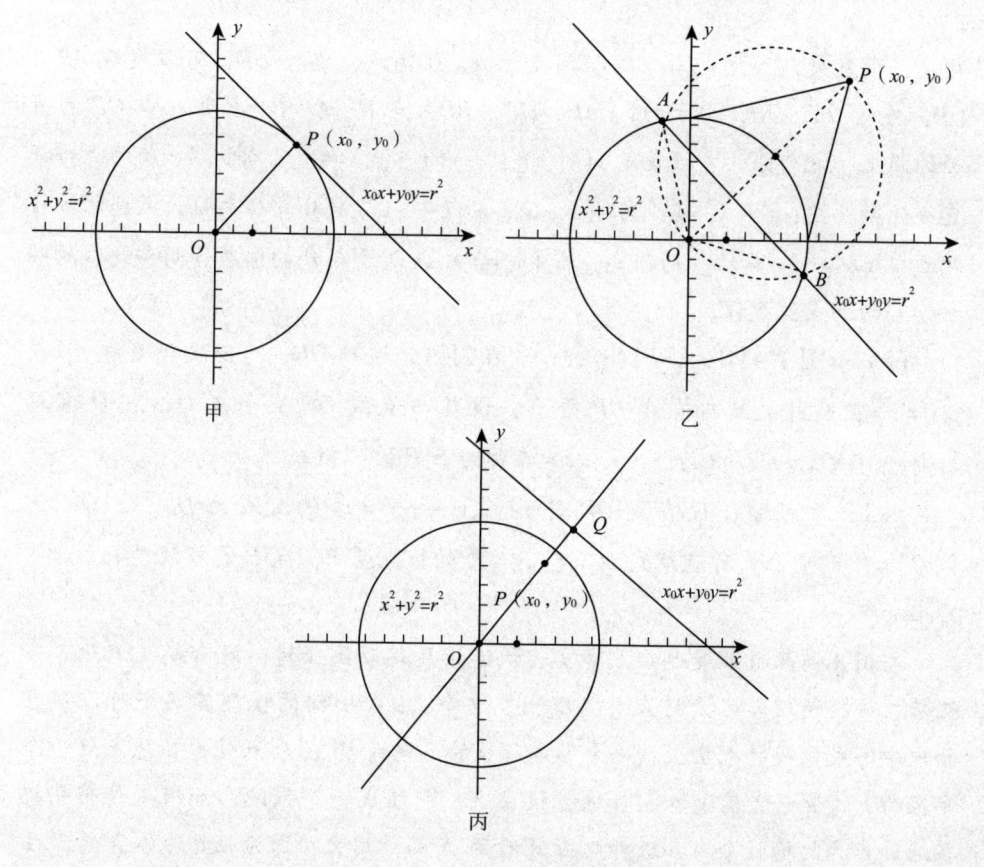

甲

乙

丙

图1-11 一个圆的试题的拓展

在解析几何《圆》的学习之中，有这样一个问题：已知圆的方程是 $x^2 + y^2 = r^2$，求经过圆上一点 $P(x_0, y_0)$ 的切线方程。

很容易得出答案为 $l: x_0 x + y_0 y = r^2$。现在把这个问题进行拓展：

(1) 如果 $P(x_0, y_0)$ 在圆外，那么直线 $l: x_0 x + y_0 y = r^2$ 表示一条什么意义的直线？

(2) 如果 $P(x_0, y_0)$ 在圆内，那么直线 $l: x_0 x + y_0 y = r^2$ 表示一条什么意义的直线？

分析：

(1) 如图 1-11 乙，当 $P(x_0, y_0)$ 在圆外，那么直线 l 与圆的位置关系是什么呢？圆心到直线 l 的距离为 $d = \dfrac{r^2}{\sqrt{x_0^2 + y_0^2}} < r (x_0^2 + y_0^2 > r)$，所以直线与圆相交，设直线 $l: x_0 x + y_0 y = r^2$ 与圆交于 A、B 两点，连接 OP，可以发现 $AB \perp OP$，连接 OA、OB，由于 $OA \perp AP$，$OB \perp BP$，点 O、A、B、P 都在以 OP 为直径的圆上，这个圆的方程就是 $x(x - x_0) + y(y - y_0) = 0$，那么 A、B 两点所在直线为两个圆：$x^2 + y^2 = r^2$ 与 $x(x - x_0) + y(y - y_0) = 0$ 的公共弦，两圆的方程相减得 $x_0 x + y_0 y = r^2$，所以 $l: x_0 x + y_0 y = r^2$ 就是过点 P 向圆所作两条切线的两个切点的切点弦方程。

(2) 如图 1-11 丙，$P(x_0, y_0)$ 在圆内，连接 OP，可以发现直线 $x_0 x + y_0 y = r^2$ 在圆外，且与直线 OP 垂直，设其与直线 OP 交于点 Q，点 Q 满足 $|OP| \cdot |OQ| = r^2$，把 $l: x_0 x + y_0 y = r^2$ 称为点 P 的"极线"。

以上三种情境，设直线 OP 与 $l: x_0 x + y_0 y = r^2$ 的交点为 Q，则 $|OP| \cdot |OQ| = r^2$ 都成立，称直线 $l: x_0 x + y_0 y = r^2$ 的极点是 P，点 P 的极线是 $l: x_0 x + y_0 y = r^2$。

应用几何画板来展现以上事实，能连续展现动画情境，既有趣又好玩。下课后，一个物理学习爱好者更是提出，这个 (2) 小问的模型其实还可以用在物理中等效电荷的求法上：一个带电荷 q 的点电荷 W 在 Q 点处，在原点处一个半径为 r 的带电金属球体 X 接地，设由 X、W 组成一个系统，如何求这个系统在球外产生的场强分布和球外电荷 W 受到 X 的作用力？因为此时球体 X 将产生感应电荷，计算复杂，但是如果把带电球体 X 看成是放在 P 点处的一个带电量为 $-\dfrac{r}{|OQ|} \cdot q$ 的等效电荷，即可简化计算。

这个案例，只有利用信息技术软件，比如 GGB 的强大展示功能，可以很好地显示当点从圆外到圆内时引起的相关直线的突然变化。如果有学生能指出物理中等效电荷的求法与这个数学题有关，那么就展示出更高水平的数学文化，因为这正是数学文化的重要应用。

目前，翻转的数学课堂可以通过微视频技术让学生提前有效预习，而教师备课时也可以通过在线向很多名师学习的方式实现教学经验的快速积累；教学过程中的数学教学可视化技术逐步得到加强，传统数学"教学粉笔加黑板"的方式有必要得到一些改观，特别是在一些需要多角度观察、近距离反复观察的立体图形上可以借助信息技术展现；另外，数学教学的学生参与程度也可以借助信息技术得到提高；学生的教学效果也可以借助信息技术得到实时反馈；学生的考试评价也可以使用大数据技术实现精准分析，快速找到学生集体出错的地方。也就是说，信息技术已经影响到数学教学环节的方方面面，教师掌握信息技术服务教学，成为"智慧教师"，完全是有必要的。

教师工作具有非常强的专业性和综合性，这就确定了教师的素养不可能只有少许的几个，正如首都师范大学朱一心教授提到的那样，可以提出 20 个甚至更多的专业素养，比如心理学素养、教育学素养、逻辑学素养等，但是笔者没有把它们列为文化型数学教师的核心专业素养，这是因为既然是核心的，就应该少一点，精炼一点，与数学的关系更加紧密一点。数学教师不仅仅是会几道数学题，也应该有诗意与远方，这是我一直的教学主张。

目前一共存在 4 种数学文化形态：科学形态的数学文化、课程标准中的数学文化、教学过程中的数学文化、考试中的数学文化，它们包含的内容数量大略依次递减，而文化型数学教师的培养是其中的关键。一个文化型数学教师拥有一些数学史素养、数学哲学素养、数学艺术素养、数学解题能力素养、信息技术素养的话，就可以在课堂上建设更加繁荣的数学文化，就可以在最基层的地方转化、生成学生更多的核心素养。让我们携起手来，为把中国建设成为一个数学强国而努力奋斗，共同"开创新世纪的数学文化"。

数学文化传承案例：资优生

第二章

吴文俊院士认为，只要有数学，就一定有数学文化。在学校这一个学习数学的地方，当然就有数学文化的存在。特别是数学在资优生中的传承具有很多文化特征，本章着力在这方面阐述一下笔者的观点。

晏阳初（1890—1990）是中国著名平民教育家和乡村建设家，他在1936年10月把四川省新都县（现成都市新都区）作为乡村教育的实验县时提出了这句话："若人皆可以为尧舜，则中国的现代化之路将走得更加顺畅。"当代的新都一中人已经把"人皆可以为尧舜"作为学校的育人理念，这句话现在看来也没有过时，因为这个思想非常符合习近平新时代中国特色社会主义思想。这个思想要求我们平等对待来到学校的任何学生，因为他们之中的任何一个人今后都是社会主义的接班人。

图2-1 新都一中校内中国著名平民教育家晏阳初的塑像

请注意，"人皆可以为尧舜"这个伟大的思想与许多西方社会的教育思想显著不同。在第二次世界大战后美国出版的一本心理学百科全书中，"个别差异"一条是这样写的："人不是生来就平等的，提供任何数量的训练或任何的环境也不能造成他们的平等。"[1]美国心理学家A. 安纳斯塔西（A. Anastasi）强调："因为智力较高的父母往往生有智力较高的子女，因而上层社会的儿童会更聪明一些。"[2] 与西方社会显著不同的是，中国当代的教育界并没有任何一个学

---

[1] 克鲁捷茨基. 中小学生数学能力心理学［M］. 李伯泰，洪宝林，艾国英，李绍煜，吴福元，孙名之，等，译校. 上海：上海教育出版社，1988：10.

[2] 克鲁捷茨基. 中小学生数学能力心理学［M］. 李伯泰，洪宝林，艾国英，李绍煜，吴福元，孙名立，等，译校. 上海：上海教育出版社，1988：11.

者提出过这个类似的观点。

长期以来，中国基础教育界强调教育公平，在短时间内取得了世界瞩目的教育成就，人均受教育年限迅速得到提高，解决了中国基础教育保底的问题。但是我们应该看到，强调每一个个体总体上在社会上的教育平等地位，与承认每一个人的天生素质不同而采用不同的教育方式并不矛盾。我国古代教育家孔子就说过：因材施教。我国著名教育专家、中国人民大学附中刘彭芝校长也说过：我们国家促进教育均衡、教育公平没有错。中国人太多，不为老百姓考虑是不行的。但是，两头都得抓，一头抓均衡，一头还得抓因材施教，对于一部分有特殊才能的孩子，还是需要不同的培养方式与渠道。

本章里的创新拔尖人才，通常又称英才或者资优生，我们在本文中混用这三个概念。

第一节　高中数学资优生的发现

作为成都市创新拔尖人才早期培养学校，四川省成都市新都一中进行了多方面的探索，主要是拔尖创新儿童的甄别与培养。我们把其中在高中数学方面的创新拔尖儿童不妨称为高中数学资优生。

高中数学资优生是很容易通过教学发现的，主要是这些学生在教师的教学中，总是在思维方面有着不同的能力，他们善于琢磨，解决问题时不走寻常路，能经常出其不意地解决问题。下面通过一些例子加以说明。

一、数学资优生拥有根据解题目标灵活转换路径的能力

【试题1】已知 A_1，A_2 分别为双曲线 $\dfrac{x^2}{a^2} - \dfrac{y^2}{b^2} = 1(a, b > 0)$ 的上、下虚轴顶点，B 为右实轴顶点，F 为右焦点，若直线 A_1B 与 A_2F 交于点 P，且 $\angle A_1PF$ 为钝角，那么双曲线的离心率的取值范围为_____。

老师的方法：先写出 A_1B 与 A_2F 的方程，求出交点得出 P 点的坐标，然后利用 $\overrightarrow{PA_1} \cdot \overrightarrow{PF} < 0$，得出所需的不等式，从而求出范围。

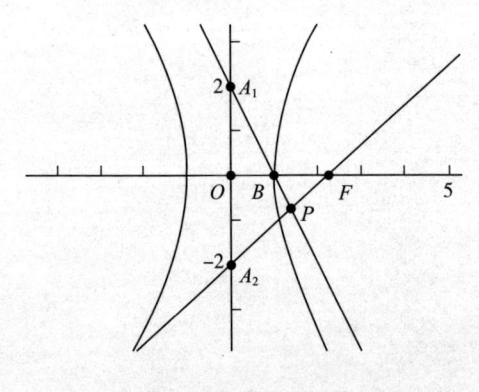

图 2-2　试题 1 例图

资优生的方法：如图2-2，其实不必解出P的坐标，因为$\overrightarrow{PF}$与$\overrightarrow{A_2F}$同向，$\overrightarrow{PA_1}$与$\overrightarrow{BA_1}$同向，故$\overrightarrow{PA_1}\cdot\overrightarrow{PF}<0\Leftrightarrow\overrightarrow{BA_1}\cdot\overrightarrow{A_2F}<0$，这样转化后每一个点的坐标都是现成的。

显然，资优生的方法去掉了解点P坐标的烦琐过程，更为合理。

【试题2】求证：$\sum_{i=1}^{n}\dfrac{1}{3^i-1}<\dfrac{11}{16}$.

老师的方法：利用$\dfrac{1}{3^k-1}=\dfrac{3^{k+1}-1}{(3^k-1)(3^{k+1}-1)}<\dfrac{3^{k+1}}{(3^k-1)(3^{k+1}-1)}=\dfrac{3}{2}\left(\dfrac{1}{3^k-1}-\dfrac{1}{3^{k+1}-1}\right)$，

可知：

$$\sum_{i=1}^{n}\dfrac{1}{3^i-1}<\dfrac{1}{2}+\dfrac{3}{2}\left[\left(\dfrac{1}{3^2-1}-\dfrac{1}{3^3-1}\right)+\cdots+\left(\dfrac{1}{3^k-1}-\dfrac{1}{3^{k+1}-1}\right)\right]=\dfrac{1}{2}+\dfrac{3}{2}\left(\dfrac{1}{3^2-1}-\dfrac{1}{3^{k+1}-1}\right)=\dfrac{1}{2}+\dfrac{3}{16}-\dfrac{3}{2(3^{k+1}-1)}<\dfrac{11}{16}.$$

老师的方法是放大成一个可以裂项求和的数列。

资优生的方法：当$k\geq 2$，有$3^k\geq 9\Rightarrow\dfrac{1}{3^k-1}\leq\dfrac{9}{8\cdot 3^k}$，所以有：

$$\sum_{i=1}^{n}\dfrac{1}{3^i-1}<\dfrac{1}{2}+\dfrac{9}{8}\left(\dfrac{1}{3^2}+\dfrac{1}{3^3}+\cdots+\dfrac{1}{3^k}\right)=\dfrac{1}{2}+\dfrac{9}{8}\cdot\dfrac{\dfrac{1}{9}\left[1-\left(\dfrac{1}{3}\right)^{k-1}\right]}{1-\dfrac{1}{3}}=\dfrac{1}{2}+\dfrac{3}{16}\left[1-\left(\dfrac{1}{3}\right)^{k-1}\right]<\dfrac{1}{2}+\dfrac{3}{16}=\dfrac{11}{16}.$$

资优生的方法则是放大成一个等比数列，再求和放大，这个方法明显与老师的不同，显示出一种创新能力。

二、数学资优生具有根据解题目标灵活构造数学结构的能力

【试题3】已知a，b，$c>0$，$a^2+b^2+c^2=4$，则$\sqrt{5}ab+\sqrt{2}bc$的最大值是_____。

很多学生发现不了已知与未知条件的关系，没有办法解出这道试题。资优生发现可以使用拆项法，然后结合均值不等式求解：$4=a^2+b^2+c^2=\left(a^2+\dfrac{5}{7}b^2\right)+\left(c^2+\dfrac{2}{7}b^2\right)\geq 2\sqrt{a^2\cdot\dfrac{5}{7}b^2}+2\sqrt{c^2\cdot\dfrac{2}{7}b^2}=2\sqrt{\dfrac{1}{7}}(\sqrt{5}ab+\sqrt{2}bc)$，

所以得出 $\sqrt{5}ab + \sqrt{2}bc \leq 2\sqrt{7}$，当且仅当 $\begin{cases} a = \sqrt{\frac{5}{7}}b \\ c = \sqrt{\frac{2}{7}}b \\ a^2 + b^2 + c^2 = 4 \end{cases} \Leftrightarrow \begin{cases} a = \sqrt{\frac{10}{7}} \\ b = \sqrt{2} \\ c = \sqrt{\frac{4}{7}} \end{cases}$ 时

取等号。

三、数学资优生拥有从一个目标迅速到达另一个目标的分析能力

【试题4】 如何比较 $\lg3 \cdot \lg5$ 与 $\lg2 \cdot \lg8$？

一个资优生认为：$\lg3 \cdot \lg5 > \lg3 \cdot \lg4 = 2\lg3 \cdot \lg2 = \lg9 \cdot \lg2 > \lg8 \cdot \lg2$，这样的方法令人拍案惊奇，普通学生很难有办法想出这个解法。

【试题5】 将函数 $y = \dfrac{x^2 + 2x + 3}{2x - 1}$ 化为对勾函数.

老师的方法：令 $2x - 1 = t \Leftrightarrow x = \dfrac{t + 1}{2}$，代入原式得：

$$y = \dfrac{\left(\dfrac{t+1}{2}\right)^2 + 2 \cdot \dfrac{t+1}{2} + 3}{t} = \dfrac{1}{4}\left(t + \dfrac{17}{t} + 6\right) = \dfrac{1}{4}(2x-1) + \dfrac{17}{4(2x-1)} + \dfrac{3}{2}.$$

资优生的方法：因为这个分式函数在运算本质上是一种除法，所以可以利用多项式的长除法思考：

所以 $(x^2 + 2x + 3) = (2x - 1)\left(\dfrac{1}{2}x + \dfrac{5}{4}\right) + \dfrac{17}{4}$，

从而 $\dfrac{x^2 + 2x + 3}{2x - 1} = \dfrac{1}{2}x + \dfrac{5}{4} + \dfrac{17}{4(2x-1)} = \dfrac{1}{4}(2x-1) + \dfrac{17}{4(2x-1)} + \dfrac{3}{2}.$

$$\begin{array}{r}
\dfrac{1}{2}x + \dfrac{5}{4} \\
2x-1{\overline{\smash{\big)}\,x^2 + 2x + 3}} \\
\underline{x^2 - \dfrac{1}{2}x} \\
\dfrac{5}{2}x + 3 \\
\underline{\dfrac{5}{2}x - \dfrac{5}{4}} \\
\dfrac{17}{4}
\end{array}$$

四、资优生具有知识网络化体系构建的能力

我们知道高一在学习复合函数的单调性时，法则是"同增异减"，当时一般的学生对这个法则不是太懂，但是学习了导数以后，资优生发现了利用复合函数求导的"链式法则"可以解释这个法则。又如：

【试题6】 求函数 $f(x) = \sqrt{x^2 + 6x + 18} + \sqrt{x^2 + 10x + 16}$ 的最小值.

一般来说，这道题可以转化为求 x 轴上同一个点 $(x, 0)$ 到 $(-3, 3)$ 和 $(-5, -1)$ 两点距离之和最小的问题，这时 $(-3, 3)$ 与 $(-5, -1)$ 在 x 轴两侧，直接连接的线段长度即为所求。

但是，配方有技巧，如果配方配成了 $f(x) = \sqrt{(x+3)^2 + (3-0)^2} + \sqrt{(x+5)^2 + (0-1)^2}$，这代表着 $P(x, 3)$ 到 $A(-3, 0)$ 和 $B(x, 0)$ 到 $C(-5, 1)$ 两条线段 PA 与 BC 距离之和最小的问题，是否意味着解题就一定失败了？

我在课堂上请同学们思考，怎样进一步解决呢？对于一般学生，已经觉得此路不通。我的原意是请同学们注意配方的技巧与策略，但没有想到，也有资优生接下来会直接解决这道问题。

如图 2-3，资优生发现，将线段 AP 向下平移使得点 P 平移到 x 轴上，线段 PA 变成线段 BD，问题变成求 x 轴上一点 B 到 D 与 C 距离之和最小的问题，由于 D，C 在 x 轴异侧，于是直接连接 DC，DC 的长度即为所求。分析这个过程，发现这个平移真是神来之笔，如果没有想到平移，问题就不好办了。

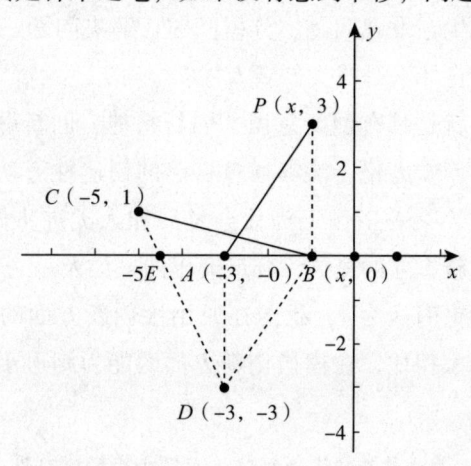

图 2-3 试题 6 例图

五、资优生具有整合问题，独自发现新问题的研究能力

在阿波罗尼圆的问题讲解中，笔者发现一些资优生具有深度学习高阶思维的特征。这是一个女同学，她学习了阿波罗尼圆后，问道：是不是知道以下三个条件中的两个，就一定能确定出第三个？

① 两个定点 A、B（称为一对定点）；② 定值 λ（$\lambda \neq 1$）；③ 一个圆心在直线 AB 上的圆。

对于①②确定③应该没有问题，对于①③确定②也是没有问题，但是②③确定①就有问题了。

为什么呢？

笔者按照中心对称的思想解决。假设能解出（也许解得出，也许解不出）两个定点 A、B 满足条件，那么以圆心 C 为对称中心，作出 A、B 两点关于 C 的对称点 A'、B'，作为一对点，A'、B' 也符合条件，所以，定点即使能解出，也可能是两对，如图 2-4。

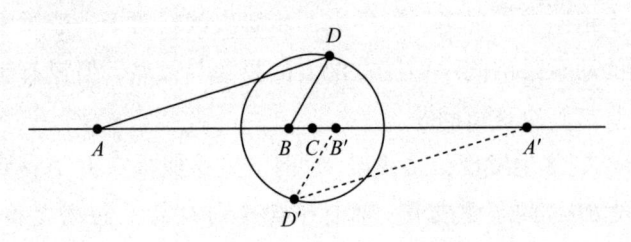

图 2-4 由②③确定①例图

也就是说，资优生在发现问题、分析问题、解决问题三个过程中都拥有超强的能力。那么，究竟什么是拔尖创新人才？

所谓创新人才，就是具有创新意识、创新精神、创新思维、创新知识、创新能力并具有良好的创新人格，能够通过自己的创造性劳动取得创新成果，在某一领域、某一行业、某一工作上为社会发展和人类进步做出创新贡献的人。拔尖创新人才，是创新人才的最拔尖和最突出的一类人。

任飏、陈安、武艳南认为[1]，我国在原始性创新方面的成果始终无法和美国及欧洲一些发达国家相比，在模仿创新方面的能力则逊于日本和韩国，主要

---

[1] 任飏，陈安，武艳南. 基础教育阶段创新型人才培养的机理分析 [J]. 中国教育学刊，2010（9）：16-18.

原因在于我们对于创新型人才培养内在机理的认识还不够清晰。创新型人才培养机理体系可分为专业性机理和一般性机理两个层次。其中，专业性机理是指其自身专业领域内的特殊性，它是进行机理分析的第一步。一般性机理是研究其培养方式改革所采取措施的一般性的由量变引起质变的规律，它又可以分为原则性机理、原理性机理、流程性机理和操作性机理四个不同的类别。其中，原则性机理是指对特征的简单描述；原理性机理则对整个发展过程的规律性进行刻画；流程性机理说明改革过程的前后逻辑，是一个最优的过程；而操作性机理是在流程性机理的基础上，考虑到各种实际存在的约束，所给出的一套规律性表达。其中原则性机理是整个机理体系的根基。

基础教育阶段创新型人才培养一般具有如下四个原则：第一，长期培养；第二，自由选择；第三，多元化评价标准；第四，宽松环境。原理性机理包含转化、蔓延、衍生、耦合四种机理。流程性机理，一方面说明改革的前后逻辑顺序，另一方面也说明实施过程中需要遵从的逻辑性。操作性机理以流程性机理为基础，由于实际情况往往并不在理想状态中，总是存在着种种约束。需要结合学校环境来分析切实存在的问题，以设计合理的操作步骤。比如北京市第四中学的"道元班"的选拔标准是：学生在某一领域具有浓厚的兴趣，有着扎实的基础和超越同龄人的学习潜力，且在此领域具有超常的认知能力、思维能力、敏感性和创造性，并有超乎寻常的学习内在动力。学生依然需要参加中考，不过可以降低分数。"道元班"可以说是创新型人才培养的一次有益尝试。

当前中国经济发展已经进入"新常态"，需要寻找新的经济增长模式和增长点。需要中国公民在创新精神与人文精神上同时得到加强。目前中国工业进行模仿加工、追求初级加工利润的时代早已过去，处于由"中国制造"向"中国创造"的升级转变时期，需要教育界为学生奠定更多的教育基础和行为经验。所以时代的变化对于中国数学教育提出了更高的要求：我们必须改变过于重视常规习题教学的数学教学模式，因为那只是模仿，很少有创造的体验和创造的成果。而这个转变将是一个经历痛苦的改变过程。为此，上至国家层面的专家学者，下至普通的数学教师，都在争取在这方面有所突破。[1] 特别是在拔尖创新儿童的教学过程之中，不能只囿于常规的习题教学，那会扼杀了他们的创造力。

---

[1] 王贤华. 中学数学文化建设的理论进展与案例分析[M]. 成都：电子科技大学出版社，2017.

第二节　普通高中创新拔尖人才的培养方法综述

普通高中是全世界公认的办学最为困难的学段，它始终面临着大众和精英、基础和分流、规范和选择、应试与素质、公平与适应、均衡与特色等两难问题，具有特殊性和专业性。[①] 2001年，《国务院关于基础教育改革与发展的决定》提出"有条件的普通高中可与高等学校合作，探索创新人才培养的途径"。

什么样的人可以称为英才呢？美国著名教育心理学家任祖利（Renzhulli）提出了三环英才理论，也就是有着高于平均水平的能力、对任务有执着精神、有创造力的人可以称为英才，如图2-5。

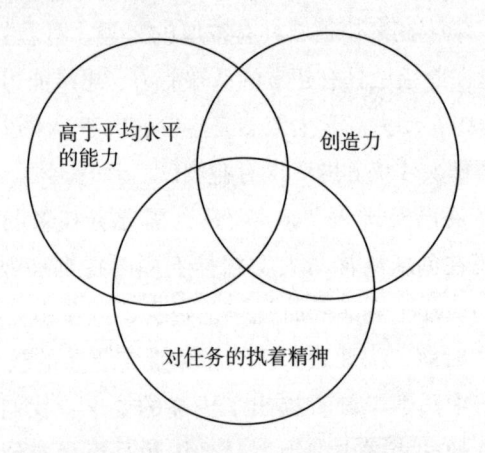

图 2-5　任祖利的三环英才理论

美国在英才教育方面有很多经验值得我们借鉴。在美国联邦政府层面，雅各布·贾维茨英才教育计划（Jacob K. Javits Gifted and Talented Students Education Program）是唯一一项由联邦政府资助的英才教育计划。在州政府层面，自

[①] 郑太年，赵健. 国际视野中的资优教育［M］. 上海：华东师范大学出版社. 2013：序言（陈小娅）.

1972年《马兰德报告》发布后，美国各州政府开始在公立学校中实施英才教育，发展至今各自形成了一套成熟的模式。英才教育拨款主要用于资助天才学生的鉴定和筛选、资助天才学生的课程、支付英才教育教师工资、支持英才教育人员培训和发展、资助英才教育相关活动及需要的材料和设备购买。

美国密苏里州哥伦比亚独立学校教师曹原从事英才教育研究，笔者归纳他的观点后得出美国英才教育有三种模式：

（1）浓缩或者加速教育：单科或部分学科的加速教育；浓缩课程；自定进度教学；跨年级组合班；紧缩课程；

（2）课外辅导辅助：导师指导；课外培训计划；函授课程；双重入学；美国大学先修课程；通过考试获取免修的课程；国际文凭课程；

（3）灵活学制：跳级；连续进阶；提前入学幼儿园与一年级；尽早升入初中、高中或大学。

我国很多地区和知名示范性高中，早就认识到培养拔尖创新人才的价值，并在这方面开展了卓有成效的研究。在培养模式上，（我国）少数学校采用了充实教育的模式，其他大部分学校的资优儿童实验教育都采取了压缩学制、加速学习的培养模式。[①] 笔者将相关模式总结如下：

一、以北京为代表的教育模式

即以北京市的学校为代表，主要有中国人民大学附属中学、北京大学附属中学、北京市第四中学等世界知名中学，也有北京示范高中北京市第三十五中学等。他们的共同特点是：依托首都的各所著名大学开展创新拔尖人才培养；办学经费相当充足；政府以项目推进拔尖创新人才的培养。这里以人大附中和北京三十五中简单介绍如下：

人大附中是中国高中素质教育的旗帜。人大附中拔尖创新人才早期培养是"大中小学科研机构一条龙培养模式"。2010年4月，经北京市教委批准，中国人民大学附属中学与中国科学院、中国社会科学院合作开展"拔尖创新人才早期培养"项目，建立"拔尖创新人才早期培养基地"（简称"早培基地"）。学生采用弹性学制和过程性评价机制，根据学生的发展和需要适时分流，为每位学生实施"多导师"制。学校自编教材（或将国内外具有先进理念的教材进行整合），把小学与初、高中的课程打通，学科内阶段打通、学科间交叉融合，人

---

① 郑太年，赵健.国际视野中的资优教育［M］.上海：华东师范大学出版社，2013：37.

文、理工齐头并进。学校创造性地开设多元研修课程，并尝试开设了早培物理、早培化学、早培设计与技术等课程，其目的是培养能推动人类进步的人才，培养各个领域的领袖人物，从而形成了小学、初中、高中、大学（科研院所）一条龙的拔尖创新人才培养体系。据介绍，在选拔和培养方式上，人大附中从最开始只重视数学到多学科发展，从只偏重学生的学习成绩到注重学生各种特长潜能，从只偏重智力因素发展到智力、非智力因素兼顾考虑、双重并举，从结果导向发展到过程性评价。人大附中高中阶段开设了包括自然科学、社会科学、综合实践活动、体育与艺术4个领域的160多门选修课程，编写出了系列专门教材。不仅发现和培养了众多数理、科技方面的拔尖创新后备人才，也培养了在琴棋书画等其他方面有突出潜能的人才。人大附中在国际象棋、围棋、健美操等各个方面都取得了辉煌成绩，达到了国际中学生的最高水平。经过从小学、初中到高中不间断地培养，人大附中已经培养出一大批各个领域的拔尖创新后备人才，取得令全国基础教育界瞩目的素质教育成果。

笔者曾于2017年到访北京市第三十五中学，北京市第三十五中学致力于培育具有中华民族文化底蕴和中国情怀、具有国际视野、具有正义感与责任心、具有适应社会能力、具有科学精神和探究意识的拔尖创新型人才。学校推行学部制、走班制、学分制、导师制、学长制改革；整合资源与中科院合办科技创新人才培养班，探索六年一贯制课程改革；创办中美双文凭国际高中课程班、高端技术技能人才贯通培养试验项目；与中国科学院及北京航空航天大学合作建设了9个高端探究实验室，涉及智能科学、纳米化学、生命科学、航空航天、空间信息技术及计算数学等领域。北京市第三十五中学发展十分迅速，已经成为北京西城区的一张教育名片。

另外在各校各自开展拔尖创新人才的基础上，北京市教委开展一个横向政府项目——北京市"翱翔计划"。2008年3月，北京市教委成立北京青少年科技创新学院并启动"翱翔计划"，积极探索高中拔尖创新人才培养模式。高中资优生走进北大、清华、北理工等在京高校和科研院所的重点实验室。在专家教授的指导下，根据为他们专门设计的培养方案开展研究性学习，享受"在科学家身边成长"的乐趣。北京市"翱翔计划"涉及数学、物理、化学、生物、信息技术、地理、人文与社会科学等7个领域，学生达600余人，60余个国家级、市级重点实验室成为他们的第二课堂。"翱翔计划"以北京青少年科技创新学院为管理载体，面向全市高一年级学生，学员选拔主要是为了识别出具有创新潜质的学生。创新潜质主要体现在素质积累、创新意识、创新精神和创新能力4个方面。素质积累是指既有的知识、技能、经验等方面的积累，是创新的必要前提。创新意识是具有创新性的个性品质，是对创新活动的自觉认识和自主意识，是创新的原动力。创新精神是创新性的个性心理，是创新的有力保障，主要考查学生的质疑与批判精神、探索与求实精神、拼搏与坚韧精神、冒险与牺牲精神、独立和自主精神、团结和协作精神等。创新能力是认识事物、分析解决问题时所需要的能力，是创新的决定性因素，主要考查学生的观察能力、判断能力、记忆能力、想象能力、模仿和探索能力、思维能力、组织协调能力、自学能力、交流表达能力等。

在人才培养上，"翱翔计划"首先确立"尊重个性"的基本原则，为学生的个性发展提供空间。其次，提供多样化的课程选择，赋予学生真正的选课权利。课程设计注重鼓励创新精神，提倡以问题为基础的教学，让学生根据兴趣自主选择问题，并将课程学习融入问题研究中。

"翱翔计划"试图打破"教育与科技、高中与大学、高中与高中"之间的壁垒，形成了"生源校""基地学校""高校和科研院所实验室"联合管理与服务的"三学校管理制"。培养机制是"实验室指导教师、基地学校指导教师、生源校指导教师"共同培养的"三导师制"。

"翱翔计划"注重构建科学的创新人才评价机制。第一是评价内容合理化；第二是评价过程动态化；第三是评价标准多元化；第四是评价方式多样化。过程性评价成为"翱翔计划"的主要评价方式，《北京青少年科技创新学院"翱翔计划"学员手册》记录着学员推选、培养方案制订、课程研修、科研实践、论文撰写、答辩、论坛以及结业等整个过程的情况，覆盖学员培养的各个环节。

二、以上海、深圳为代表的教育模式

主要有上海中学、华东师范大学第二附属中学、上海交通大学附属中学、复旦大学附属中学、深圳中学等全国著名示范性中学。这些学校经济基础强大，课程开发能力强大，国际视野良好。

2008年，上海中学首开高中创新班；2009年，华东师范大学第二附属中学、复旦大学附属中学、上海交通大学附属中学等最知名的示范性高中也纷纷开办高中创新班。

上海中学、华东师大二附中、上海交大附中、复旦附中四所中学承担了上海"探索建立拔尖创新人才培养基地"项目的试点任务，率先开展在高中培养拔尖创新人才的实验，四校突破常规的教育体系，从学生选拔录取、培养模式、大学与中学衔接培养等许多方面进行了积极的探索。大胆地补充和改进现有的高中人才培养体系，极大地弥补了现行高中教育体制在拔尖创新人才培养方面的严重缺陷。下面对上海中学、华东师大二附中两所高中的课程体系简单介绍如下：

上海中学是上海市教委直属示范性学校，教育质量在上海市处于领先水平，属于"国内一流、国际知名、教育高质、管理高效"的学校。上海中学借助课程开发，形成创新人才早期培养的课程图谱，包括重立志的资优生德育课程图谱、重激趣的学习领域课程图谱、重挖潜的优势潜能开发课程图谱，与上海交通大学等高校合作，建立了强化和一般两个创新人才培养模式。该校开设的校本课程的主要特征是：形成了中、英文两大系列六大类（类美国课程、类香港课程、中国国家课程、上海课程、上海中学发展课程、IB课程）、多元化、高选择性课程体系。

华东师范大学二附中为实现"大力提升学生素养，发现、培养具有国际视野和国际竞争力的未来精英，为国家未来的高素质人才在中学打下扎实的基础"的目标，努力构建"满足学生发展需要的课程体系"。目前已形成由校本改造后的国家基础型课程、大文化类课程、STS系列课程、社团活动课程、德育课程、荣誉课程等六大板块构成，涉及基础课程、拓展课程、研修课程三大层面的学校课程体系。

上海市教委也有政府项目——上海市普通高中学生创新素养培育实验项目。上海市在部分普通高中开展"上海市普通高中学生创新素养培育实验项目"，探索高中阶段对拔尖创新人才早期培养的办学机制、课程设置、教学途径、学习管理与综合评价办法。该项目的宗旨是培养青少年学生创新精神和实践能力、优化青少年科技创新人才的成长环境、探索高中拔尖创新人才早期培养的途径与方法、为国家培养科技后备人才。

高中教育要培养怎样的创新人才？深圳中学是这样表述的——他们运用观察和想象来学习，自主地建构对世界与自我的理解，不仅研究世界"是什么样的"，而且研究"为什么是这样""还有可能是什么样"以及"怎样会更好"；他们能同时理解多种充满差异的思想和观念，自如地在不同的思维方式之间转换，不受定势和教条的束缚，敢于想象与现存状况完全不同的世界图景与生活方式；他们善于将大胆的、新奇的猜测作为假设保留在脑海中，并以此出发来勇敢探索世界；他们用行动去践行改变，无论做任何事都思考"有没有别的可能""也许我可以和别人不一样"；他们珍视自己或他人的灵感、创意，从不轻易放过新颖有趣的想法；他们从不盲目接受他人的观点，坚持追问，经过省察的生活；他们无论同上级、师长、同辈、下属或晚辈都能平等地对话，他们的个性是怀疑性、批判性、建设性与创造性的平衡。

在探索与实践方面，深圳中学的"校本课程"颇具特色。课程由学术课程和文凭课程两部分组成。学术课程有领域、科目、模块3个层次，共有语言与文学、数学、人文与社会、科学4个领域和9个科目，每科目下又有若干必修及选修模块。文凭课程由认知技能、自我成长、文化审美、体育健康、实践服务、研究创造6个课程群组成，每个课程群包含若干课程或课程组。课程基本上按模块进行，每模块共36课时，在9周或18周完成。整个过程分3个大的阶段，一是设计学习方案，二是实施和过程控制，三是表现与评价。学校建设的最高境界是文化建设，深圳中学致力于将学校建设成为富有学习和研究氛围的"学府"，大力提倡读书、学习、研究、创新之风，努力搭建多种平台引导师生研究创新。包括成立2个研究所、建设3个艺术团、建设7个创新体验中心等。目前深圳中学的"创建中国特色的世界一流中学"的目标正在逐渐变为现实。

三、以成都、重庆为代表的教育模式

该教育模式主要以成都、重庆等地的成都市石室中学（简称成都四中）、成都市第七中学、成都市树德中学（简称成都九中）、重庆市第一中学、重庆市南开中学（简称重庆三中）、重庆市第八中学、西南大学附属中学等校为代表，主要走出了一条采用引进来、送出去联合培养的创新拔尖人才的新路。

成都市坚持以深化基础教育课程改革为依托，以培养学生创新精神和实践能力为重点，以发展学生核心素养为目标，充分利用各类教育、科技、文化等社会资源，实施成都市普通高中学生"菁才计划"，开展拔尖创新人才早期培养，建立体系开放、机制灵活、渠道互通、选择多样的培养机制，形成具有成都特色的普通高中拔尖创新人才早期培养模式。

目前，成都七中与中国科学院大学、四川大学等国内著名大学签署"拔尖创新人才基础培养"等合作协议，将充分发挥中科院的智力资源和科技资源优势，探索高中阶段拔尖学生基础培养的新模式。

在这方面，我们可以举一个成都七中的例子。张伟，成都七中2000届校友，高中期间荣获全国高中数学联赛一等奖，被保送到北京大学数学科学学院，现任美国麻省理工学院教授。张伟是我国年轻一代最出色的数学家之一，他于

2010年获得数学领域颇为重要的世界级奖项——拉马努金奖。张伟对数学的痴迷程度让人惊叹，即使是餐巾纸，也可以作为他演算的草稿纸。张伟认为："在数学方面有天赋的同龄人，在那时似乎只有奥数这一条路可以有机会获得课堂之外的指导。也许有些本来有天赋的，则可能因为不喜欢奥数或者不擅长奥数而未能被发掘出数学上的天赋。我们的培养方式是不是有些单一？""中国的数学研究整体水平在过去十几年里，上升的速度非常快，至少已经迈向数学强国的大门。如果能维持目前的发展速度，前景应该非常乐观。"所以我国数学领域要复兴，就要多从基础学科着手培养更多的数学爱好者，有实力的高中要承担国家责任，不能只重视高考数学的教学。

再举一个成都九中的例子。许晨阳，成都九中1999届毕业生。2008年，获得普林斯顿大学博士学位，导师为亚诺什·科拉尔（János Kollár），2016年获拉马努金奖，2017年获选庞加莱讲座教席（The Poincaré Chair）。许晨阳认为："我觉得数学兴趣是可以慢慢培养的。这东西肯定是有很大天赋成分在里面，但天赋之外，后天的作用还是有的。像我家里从小就跟我做一些数字游戏，我确实也很喜欢。如果我喜欢，但家里不做，那也没用。所以一方面要因材施教，要看小孩自己有没有这方面的天赋，另一方面，后天教育肯定是有帮助的。""我小时候参加数学兴趣班，但也不是那么多。我觉得因为那个时候挺喜欢数学，就参加这种兴趣班，然后遇到一些比较难的题，做出来挺有成就感的。我觉得如果小朋友对数学比较有兴趣的话，去参加一下兴趣班，培养一下这种思考能力还是挺重要的。但我也觉得不应该强迫每个小朋友都必须参加。"

近年来，重庆巴蜀中学在培养拔尖创新人才方面，通过顶尖师资、挑战课程、大师引领、搭建平台等途径，为学生的成才提供了沃土，收到了良好成效。西南大学附属中学对创新人才的定义是：具有自由思想与独立人格，敢于质疑与批判，善于追求卓越，有较高综合素质，并能在自主、合作、探究中独创性地解决问题的人才。学校建立起了4个纵度（国家标准课程、校本课程、拔尖创新后备人才培养课程、国际课程）、4种方式（必修、必选、任选、自修）、3个层级（基础级、综合级、高级）的符合素质教育要求、具有多样化和选择性的课程体系。高中常态保持60多门校本选修课程，初中常态保持30门艺体选修课程。在常规的显性知识教学外，学校非常注重隐性人文环境对学生情感、态度、价值观的引导功能，按照德智体美兼顾、学校家长联手、校内校外结合的思路，构架起多维立体的育人环境。学校实行分层化的导师制——针对全体学生，实施个性化培养；针对学有余力的学生，实施实验班培养；针对有科研特长的学生，实施中学与大学联合培养。课堂全开放，评价多元化，开设选修课程，实行弹性化的走班制；举办立人大讲堂，建构德育网络，对学生立体化培育。

四、以香港为代表的教育模式

香港回归祖国以来，特别重视创新拔尖人才的培养，他们专门在2008年成立了半官方半民间的香港资优教育学苑（简称资优学苑），资优学苑的宗旨是成为具备有效策略规划的地区枢纽，致力于提供合适课程，以鼓励并培育资优学生，并向教师、家长、其他研究人员和香港特别行政区相关机构提供支援。

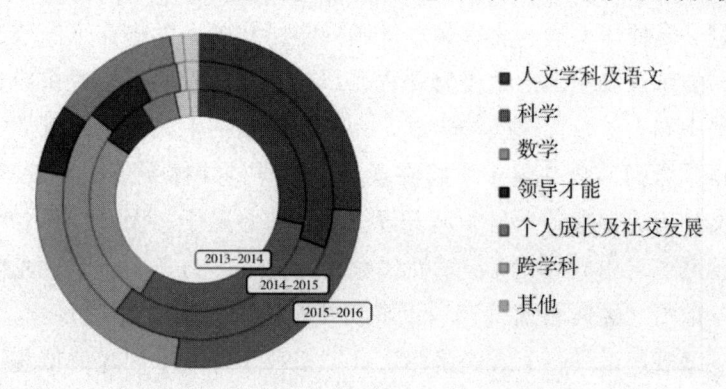

图2-6 香港资优教育学苑的课程

如图2-6，香港资优教育学苑主要开设的课程是：人文科学及语文、科学、数学、领导才能、个人成长及社交发展、跨学科和其他。

这里我们举著名数学家丘成桐的例子[①]，他在香港受过中等教育。丘成桐在自传中说道："香港培正（中学）的数学老师尤其突出，绝大部分的水平奇高，我对数学的兴趣愈来愈浓了。到了初二，我开始尝到数学的真正滋味。老师梁君伟非常棒，他教授欧式几何，由五条简单的公设出发，竟然能走得那么远，证明了那么多定理，令我惊奇得说不出话来。出于某种当时自己也不明白的原因，这种做法令我非常满足，甚至尝试自己创造一番。看见自己提出的问题，竟然和经典的难题同属一类，我感到飘飘然。我解不了这问题并非惨逢败绩，正好相反，解不了的大有人在。""我被潘老师的好心肠感动了。这么多年来，在记忆中极少有老师或学校人员关心过我，我决心不让她失望，发誓努力

---

① 丘成桐，纳迪斯. 我的几何人生：丘成桐自传［M］. 南京：译林出版社，2021：20-25.

做个更好的学生。"故老师对学生的影响甚大,一方面数学学科本身的魅力需要老师带领学生发现,另一方面,老师在人文上的关心和帮助也能激发学生的学习兴趣。

需要指出的是,中国地域辽阔,地区之间的政治水平、经济水平、文化水平、教育水平差异明显,很多地方的创新拔尖人才培养都很有地方特色,笔者归纳的这四种模式,基本可以涵盖它们的种类。

不仅相关示范性高中在进行研究探索,很多大学和研究机构、学会组织也在研究,甚至于一般高中都在行动,这些丰富的研究成果都可以为我们所用。

中国教育学会2013年3月正式启动中国大学先修课程(CAP)试点项目,该项目计划联合清华大学、北京大学等国内多所知名大学,在全国遴选100所优质高中,尝试开设中国大学先修课程,帮助学有余力的学生更快成长,同时也是打通高中和大学教育衔接的尝试,为高校自主招生多样化录取学生提供一种参考依据。全国部分一流中学将在现有高中选修课体系里,在数学、物理、化学、中文和历史等基础学科领域开设微积分、电磁学、大学化学、中国古代文化、中国通史(古代部分)、线性代数、几何学、力学、热学、光学、近代物理、化学前沿、经典名篇选读、世界历史、人文地理、环境科学、心理学、生命科学、微观经济学、宏观经济学、计算机科学等三十门先修课程,以满足学生多样化的个性需求。为确保课程质量,将定期对教学大纲进行更新,颁布更新的课程标准。学生的选修成绩,北京大学招生办公室将予以承认,作为自主选拔录取综合评价体系的重要依据之一。比如目前四川省内有成都嘉祥外国语学校、成都市树德中学、成都外国语学校、南充高级中学开设中国大学先修课程,每周两课时,利用周末完成。这些政策真正为中国的创新拔尖人才培养提供快车道。

第三节　例谈数学资优生的一些培养方法

数学资优生的培养，是一项艰苦而复杂的系统工程。有人会片面地认为，不管怎么教，资优生总是爱好学习数学的，实际情况却远非如此。激发学生学习兴趣，提高学习的主动精神，是培养数学特长生的一条指导原则。我们必须注意激发学生的学习兴趣，要使学生越学越爱学，越学越想学，越学越会学。激发兴趣的方式可能并不在于过多的求新、求奇，而主要在于教学内容，在适应学生现有水平的基础上，达到最近发展区水平，使教学具有启发性。所以，我们在资优生的教学之中特别要注意使用：启发式教学、互动式教学、探究式教学、体验式教学。

任何一个人的成长固然需要智力品质，但也需要优良的个性品质，数学资优生的成长更是如此，其中包括智力品质方面：想象的丰富性，思维的独创性和批判性、新颖性；情绪品质方面：对学习充满着热情，有坚定的信念；兴趣与动机方面：对科学有着强烈的好奇心与旺盛的求知欲；意志品质方面：具有坚持不懈、百折不挠、不达目的誓不罢休的精神；性格方面：勤奋、勇敢、谦虚、谨慎，具有责任心、正义感和牺牲精神。这些优良的个性品质也需要在教学之中反复培养才能固化养成，下面再谈几点策略。

一、放手让学生成长

随着年龄的增长，教师对于世界的认识水平也在提高。在如何培养拔尖学生的认识上，教师特别应该养成民主的思维习惯，不一定事事都得按照自己的思维习惯去加以纠正和限制，也就是不能太过于"强势"，因为这样学生总觉得心里过于压抑，思维打不开，就不容易培养出拔尖的创新学生。

【案例】如图 2-7，在扇形 AOB 中，$\angle AOB = 45°$，半径 $OB = 2$，点 P 在弧 AB 上，平行四边形 $PQRS$ 的各个顶点均在扇形 AOB 的边界上，则平行四边形 $PQRS$ 面积的最大值是多少？

图 2-7　　　　　　　　图 2-8　　　　　　　　图 2-9

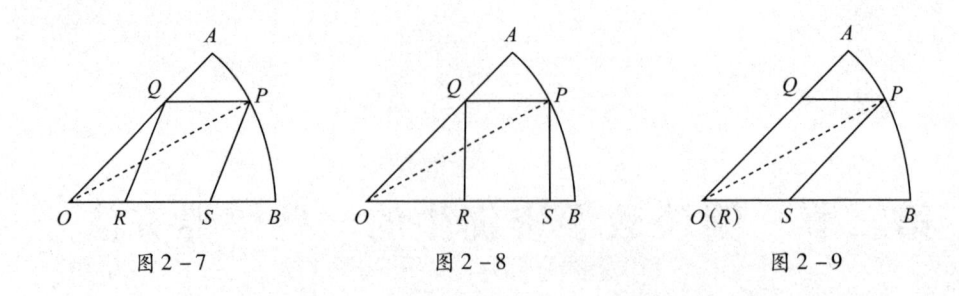

方法1：（教师的方法）因为 P 在弧 AB 上运动，也就是在圆上转动，所以可以设一个转动量来作为自变量。设 $\angle POB = \alpha$，只需要算出 $PQRS$ 的底与高。在 $\triangle POQ$ 中，$\angle POQ = 45° - \alpha$，$\angle OQP = 135°$，所以由正弦定理得 $\dfrac{OP}{\sin 135°} = \dfrac{QP}{\sin(45° - \alpha)} \Rightarrow QP = 2\sqrt{2}\sin(45° - \alpha)$，易知 $PQRS$ 的高为 $2\sin\alpha$，故 $PQRS$ 的面积 $S = 4\sqrt{2}\sin(45° - \alpha)\sin\alpha = 2\sqrt{2}[\cos(45° - 2\alpha) - \cos 45°] \leq 2\sqrt{2} - 2$，当且仅当 $\alpha = 22.5°$ 取等号。

方法2：（资优学生甲的方法）任意一个平行四边形与一个等底等高的矩形面积相等，如图2-8，不妨设这个矩形仍然为 $PQRS$，所以问题可转化为扇形的内接矩形 $PQRS$ 面积的最大值问题。设 $\angle POB = \alpha$，则 $PS = 2\sin\alpha$，而 $RS = OS - OR = OS - QR = OS - PS = 2\cos\alpha - 2\sin\alpha$，其余步骤同方法1。

方法3：（资优学生乙的方法）如图2-8，设 $PQ = x$，$PS = y$，则在 $\triangle POS$ 中，有 $OS = OR + RS = QR + RS = x + y$，$(x+y)^2 + y^2 = 2^2 \Rightarrow x^2 + 2xy + 2y^2 = 4$，这就是约束条件，所以 $\Rightarrow 2\sqrt{2}xy + 2xy \leq x^2 + 2xy + 2y^2 = 4$，从而 $S = xy \leq \dfrac{4}{2\sqrt{2}+2} = 2\sqrt{2} - 2$，当且仅当……时取等号（经验证等号可以成立）。

方法4：（资优学生丙的方法）干脆转化为特殊的平行四边形，让点 R 与点 O 重合，所以平行四边形变为 $PQOS$，如图2-9。设 $OS = x$，$PS = y$，在 $\triangle POS$ 使用余弦定理得约束条件：$4 = x^2 + y^2 - 2xy\cos 135° = x^2 + y^2 + \sqrt{2}xy$，目标函数是 $S = xy\sin 45° = \dfrac{\sqrt{2}}{2}xy$，只需要求 xy 的最大值，下略，留给读者思考。

另外，不要认为教师不可能出错，教师也不要永远不给学生挑错的机会。现在一些教学理论认为，教师在讲课中的少许错误，就是一个学习资源。通过这个错误，对于学生养成审慎的思维习惯和追求真理的人生目标，养成科学的批判性思维和质疑精神是有好处的。

当然，这个错误，有时是故意的，有时是考虑不周造成的，教学生学习，有时好像陪学生下棋一样，得让学生有兴趣，有时得"让棋"，故意出一些"错"。如果数学教学过程能把学生的兴趣和思维真正调动起来，让学生欲罢不能，如痴如醉，深入其中，我想一定可以培养出拔尖的学生。这个境界，很符合优秀教师成长的三个层次的说法：第一个层次，关注知识；第二个层次，关注自己；第三个层次，关注学生。

二、自学钻研与听课相结合

数学是个博大精深的学科，永远都有教不完、讲不完的知识，不要总认为教师是万能的，有时需要给学生指定一些材料让他们自我研究，定期检查，也能取得较好的教学效果，特别是对自学能力的培养有很大的作用。

比如，笔者在教学生学习导数的过程中，讲到2018年全国理科Ⅱ卷导数试题第2小题：

【试题】已知函数 $f(x) = e^x - ax^2$，若 $f(x)$ 在 $(0, +\infty)$ 上只有一个零点，求 a．

方法1：设函数 $h(x) = 1 - ax^2 e^{-x}$，$f(x)$ 在 $(0, +\infty)$ 上只有一个零点当且仅当 $h(x)$ 在 $(0, +\infty)$ 上只有一个零点。

当 $a \leqslant 0$ 时，$h(x) > 0$，$h(x)$ 没有零点；

当 $a > 0$ 时，$h'(x) = ax(x-2)e^{-x}$．

当 $x \in (0, 2)$ 时，$h'(x) < 0$；当 $x \in (2, +\infty)$ 时，$h'(x) > 0$．

∴ $h(x)$ 在 $(0, 2)$ 上单调递减，在 $(2, +\infty)$ 上单调递增。

故 $h(2) = 1 - \dfrac{4a}{e^x}$ 是 $h(x)$ 在 $[0, +\infty)$ 上的最小值。

① 若 $h(2) > 0$，即 $a < \dfrac{e^2}{4}$，$h(x)$ 在 $(0, +\infty)$ 上没有零点；

② 若 $h(2) = 0$，即 $a = \dfrac{e^2}{4}$，$h(x)$ 在 $(0, +\infty)$ 上只有一个零点；

③ 若 $h(2) < 0$，即 $a > \dfrac{e^2}{4}$，由于 $h(0) = 1$，所以 $h(x)$ 在 $(0, 2)$ 有一个零点。

由（1）问可知，当 $x > 0$ 时，$e^x > x^2$，所以 $h(4a) = 1 - \dfrac{16a^3}{e^{4a}} = 1 - \dfrac{16a^3}{(e^{2a})^2}$

$> 1 - \dfrac{16a^3}{(2a)^4} = 1 - \dfrac{1}{a} > 0$．

故 $h(x)$ 在 $(2, 4a)$ 上有一个零点，因此 $h(x)$ 在 $(0, +\infty)$ 上有两个零点。

综上，$f(x)$ 在 $(0, +\infty)$ 上只有一个零点时，$a = \dfrac{e^2}{4}$。

方法2：分离参数 a，得 $a = \dfrac{e^x}{x^2}(x > 0)$，

令 $g(x) = \dfrac{e^x}{x^2}(x > 0)$，则 $g'(x) = \dfrac{(x-2)e^x}{x^3}(x > 0)$，

所以 $g(x)$ 在 $(0, 2)$ 上递减，在 $(2, +\infty)$ 上递增，所以 $g(x)_{\min} = g(2) = \dfrac{e^2}{4}$，又因为 $x \to 0_+, g(x) \to +\infty; x \to +\infty, g(x) \to +\infty$，所以 $f(x)$ 在 $(0, +\infty)$ 只有一个零点时，$a = \dfrac{e^2}{4}$。

讲解了这个试题之后，一个学生问我，为什么非得写上 $x \to 0_+$，$g(x) \to +\infty; x \to +\infty, g(x) \to +\infty$ 这两句？在高中有递增不达到正无穷的例子吗？递增的结果难道不是正无穷吗？我从高等数学中想到了一个例子：

$$\lim_{x \to +\infty}\left(1 + \dfrac{1}{x}\right)^x = e,$$

并用信息技术配合讲解，解决了这个学生的疑惑。

由此我发现，无论教师讲解得多么好、多么细致，总有学生在一些问题上想不通，学生这时需要同伴互助，或者查找网络学习，或者咨询教师、家长等，学生的问题绝对不全是教师解决的，所以数学教学中需要培养学生的自学能力。

笔者曾经教过一个学生，他对数学类书籍很感兴趣，自学能力非常强，在全国高中数学竞赛之中取得德阳市第一名，后来高考考入长安大学。进入大学之后，他发挥自学的优势，3 年修完 4 年本科的所有课程并取得很高的学分，成为长安大学建校以来第一人，长安大学特向学生学校发送了喜报，后来他被保送到西安交通大学攻读水下机器人研究生专业。

三、使用探究式学习培养学生的高阶数学思维

2019 年 12 月 10 日，广东省湛江市教育局组织 30 名骨干教师来到新都一中跟岗学习，笔者以"从椭圆的定义说起"为课题献上了一节公开课[①]，现将本

[①] 章建跃博士认为：椭圆、双曲线、圆、卡西尼卵形线都是以几何基本元素的相互关系为考查对象，以"距离"为纽带，以"运算"为方法，通过"运算"中的不变性发现规律，给出定义。见：章建跃. 章建跃数学教育随想录 [M]. 杭州：浙江教育出版社，2017：816.

课的部分环节在这里展示,供大家参考。

T:同学们,椭圆的定义是什么?①

S:平面内到两个定点F_1、F_2的距离之和等于定值的点的轨迹。(PPT显示)

T:有什么注意事项?

S:和的值要大于这两个定点的距离。

T:如果不满足,又会怎样?

S:如果等于这两个定点的距离,轨迹是线段F_1F_2;如果小于这两个定点的距离,那么轨迹不存在。

T:在椭圆的定义中勾画出"两个定点""距离之和"这两部分,这节课我们就从这个定义出发,来改一改这两个地方,看一看能得到一些什么轨迹,好不好?

S:好!

方法1:改运算

T:同学们,四则运算有哪些?

S:加减乘除呗!

T:好,那么我们就来把椭圆定义中的"加"改为"减",平面内动点到定点F_1,F_2的距离之差等于常数的点,这是什么轨迹?

S:双曲线。

S:不对,是双曲线的右支。

S:不对,当差小于$|F_1F_2|$时是双曲线的一支。

S:当差等于$|F_1F_2|$呢?当差大于$|F_1F_2|$呢?

S:当差等于$|F_1F_2|$,是直线F_1F_2上以F_2为端点向外发射的一条射线;当差大于$|F_1F_2|$,轨迹不存在!

T:非常全面,看来改为减,也是我们熟悉的曲线。如果把双曲线定义中的"差"改为"积"会得到什么轨迹呢?大家研究研究一下!(沉默一会儿)有同学有答案吗?

S:我不知道是什么轨迹!只得到了解析式,化简也不知道朝哪里化!

T:怎么做的呢?

S:我设这个常数为$2a$,以直线F_1F_2为x轴,F_1F_2的中垂线为y轴建立直

---

① 其中S代表学生发言,T代表教师发言。

角坐标系，设动点$P(x, y)$，得到$\sqrt{(x-c)^2+y^2} \cdot \sqrt{(x+c)^2+y^2} = 2a$，觉得平方化简很麻烦，就不敢化了！

T：不敢？其实可以化呀！我们一起来看一下：

∵ $\sqrt{(x-c)^2+y^2} \cdot \sqrt{(x+c)^2+y^2} = 2a$，

∴ $[(x^2+y^2+c^2)-2cx][(x^2+y^2+c^2)+2cx] = 4a^2$.

即 $(x^2+y^2+c^2)^2 - 4c^2x^2 = 4a^2$ ……………………①

的确不好化简了！但是我只想知道，这真是一个曲线的轨迹方程吗？换句话说，方程①之中有实数解吗？

S：我觉得可以考虑特殊情况，比如令$y=0$，得$(x^2-c^2)^2 = 4a^2 \Rightarrow x^2 = c^2 \pm 2a$，可见当$c^2 > 2a$，有四个实数解；当$c^2 = 2a$，有三个实数解；当$c^2 < 2a$，有两个实数解。也就是说，这个曲线是存在的。

T：那你们能得到这个曲线的图像的对称性吗？

S：把x换成$-x$，方程不变，可见曲线关于y轴对称；把y换成$-y$，方程不变，可见曲线关于x轴对称；把x换成$-x$，同时把y换成$-y$，方程也不变，可见曲线关于原点对称。

T：很好，想不想知道这个曲线叫什么名字？

S：想。

T：（出示定义）平面内到两个定点的距离之积是定值的点的轨迹叫卡西尼卵形线。

D：乔凡尼·多美尼科·卡西尼（Giovanni Domenico Cassini），意大利天文学家。(PPT 显示)

下面来看变化多端的卡西尼卵形线，利用 Geogebra 技术显示卡西尼卵形线的几种变式图像（图2-10）。

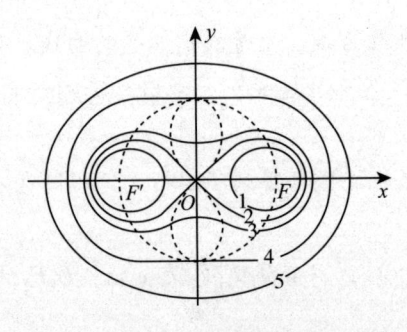

图2-10 卡西尼卵形线

T：漂亮吗？

S：太漂亮了。

T：历史上，卡西尼坚持认为，地球的运行轨道是卵形线而不是椭圆，他不承认开普勒的学说。下面我们将积改为商为定值 λ （$\lambda>0$），不知是什么轨迹。

S：这个我了解，当 $\lambda=1$，应该是 F_1F_2 的中垂线；当 $\lambda\neq1$，是一个圆，好像是阿波罗尼斯圆。

T：阿波罗尼斯圆怎么证明呢？

S：应该还是用坐标法简单！

$$\because \frac{\sqrt{(x+c)^2+y^2}}{\sqrt{(x-c)^2+y^2}}=\lambda,$$

$$\therefore [(x^2+y^2+c^2)+2cx]=\lambda^2[(x^2+y^2+c^2)-2cx],$$

化简为 $\left(x+\frac{1+\lambda^2}{1-\lambda^2}c\right)^2+y^2=\left(\frac{2\lambda c}{|1-\lambda^2|}\right)^2,$

故当 $\lambda\neq 1$ 时，这是一个以 $\left(\frac{1+\lambda^2}{\lambda^2-1},0\right)$ 为圆心，$\frac{2\lambda c}{|1-\lambda^2|}$ 为半径的圆。

T：下面我们来看一下这个定理的应用。

例题：

1. （2014年湖北卷文科17题，5分）已知单位圆 $x^2+y^2=1$ 和点 $A(-2, 0)$，若定点 $B(b, 0)$（$b\neq -2$）和常数 λ 满足：对圆上任意一点 M 都有 $\frac{|MB|}{|MA|}=\lambda$，则 $b=$ _____，$\lambda=$ _____。

2. （2011年北京卷理科14题，5分）曲线 C 是平面内与两个定点 $F_1(-1, 0)$ 和 $F_2(1, 0)$ 的距离的积等于常数 a^2（$a>1$）的点的轨迹。给出下列三个结论：

① 曲线 C 过坐标原点；

② 曲线 C 关于坐标原点对称；

③ 若点 P 在曲线 C 上，则 $\triangle F_1PF_2$ 的面积大于 $\frac{1}{2}a^2$.

其中，所有正确结论的序号是_____。

3. （2008年江苏卷13题，5分）若 $AB=2$，$AC=\sqrt{2}BC$，则 $S_{\triangle ABC}$ 的最大值是_____。

方法2：改对象

T：不知将椭圆的定义中的"两个点"改为"两条直线"，会得到什么轨迹。我们来看一个例子：平面内动点 $P(a, b)$ 满足 $|a-b| + |a+b-3| = 2\sqrt{2}$，求 $a^2 + b^2$ 的最大值。

T：$|a-b| + |a+b-3| = 2$ 如果改写为 $\dfrac{|a-b| + |a+b-3|}{\sqrt{2}} = 2$，这是什么意义？

S：就是动点 $P(a, b)$ 到直线 $x-y=0$，$x+y-3=0$ 的距离之和等于2。

T：不知动点究竟在哪里？

S：可以分段去掉绝对值得出四条线段，比如 $\begin{cases} x-y \geq 0 \\ x+y-3 \geq 0 \\ x = \dfrac{5}{2} \end{cases}$ 就是一段，同理得到其他三段，画出图像是如图2-11所示的正方形，所以 $a^2 + b^2$ 的最大值是 $OP^2 = 13.5$。

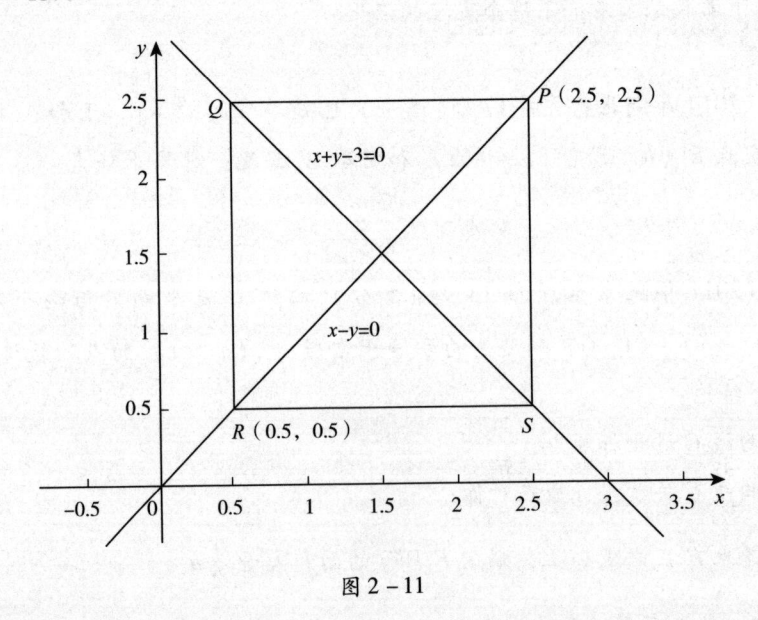

图 2-11

T：下面我们来看两个思考题：

1. 在等腰 $\triangle ABC$ 中，$AB = AC$，若 AC 边上中线 BD 的长为6，则 $\triangle ABC$ 的面积的最大值是_____。

2. 平面内一个动点 P 到两条直线 $x-3y=0, x+3y=0$ 的距离之积等于 2 的轨迹是哪样的？

T：同学们，将椭圆定义中的"两个定点"，改为"一个定点和一条直线"，能得出一个轨迹吗？与四个同学结成一个研究小组在一周之内得出结论。

课后反思： 这堂课通过改运算，改对象，将高中的多个轨迹串联在一起，可以培养学生较高的思维水平。经过长期这样的训练，可以显著提升学生的数学素养，培养出数学类创新拔尖人才。

四、适当开展数学学习文化建设

高中数学的学习，也需要利用部分解题之外的项目来提高学生的学习兴趣，比如举行一些数学折纸活动、数学实验活动、数学话剧活动、数学魔术活动、数学错题本写作与归纳等。

笔者认为，学生利用错题本进行学习是中国式建构主义学习的做法。通常，学生将自己曾经在试卷上做错过的题写在一个专门的本子上，再做一遍，并在旁边进行评注和反思，自主建构与别人不同的知识体系。

五、数学资优生的其他培养案例

我们这里再举 3 个例子，一个是原四川大学刘应明教授[1]，刘应明毕业于福州一中。少年时代的刘应明是文理皆优的学生，既喜爱阅读，又热衷数学解题。学校根据刘应明在学习上"填不饱"的实际情况，特别安排了老师辅导他自学大学的一些数学课程。他们将组成的数学兴趣小组以世界著名的数学家欧拉、黎曼、费马的名字命名，并以他们为榜样来鞭策自己。或许，就是从这里开始，一代数学大师的数学寻梦之路便开始萌芽了。所以，福州一中在才华出众的数学幼苗身上花费了很多匠心，才培养了刘应明这样的创新拔尖人才。

另一个是中国科学院王元院士。王元院士认为[2]：正课中，我最喜欢数学与英文，我喜欢数学理论的精确与严格的逻辑推导方法，尤其喜欢平面几何的"假设—求证—证明"这一套程式。它需要我们对问题中的矛盾进行细致的分析，逐步地深入再深入，有时还要添加几条"辅助线"才能完成问题的证明。

---

[1] 白苏华，陈朝东. 刘应明传 [M]. 北京：科学出版社，2020：10.
[2] 王元口述，李文林、杨静访问整理. 我的数学生活——王元访谈录 [M]. 北京：科学出版社，2020：11.

这种经过反复思考后才能找到解决问题线索的解决过程，更能促使我奋力进取。每当我经过一番努力将问题解决时，总带给我来兴奋与满足。所以说兴趣是最好的老师，深入再深入促使奋进，兴奋与满足有成就感，这样的人才会成长为创新拔尖人才。

还有一个是华罗庚[①]，华罗庚毕业于常州市金坛县（现金坛市）初级中学。华罗庚初一的时候，一度功课不好，数学经过补考才及格。经过王维克老师的鼓励，华罗庚慢慢变得认真起来，数学成绩越来越好。王维克老师说："你不必考这个试了，因为考你的问题别人做不出，考别人的问题不值得你费时间去做。"渐渐地，在经历了自学中小有成就和多重弯路的双重体验后，他明白了王维克老师说的做学问是一个循序渐进、持之以恒的过程的真正含义。华罗庚先生不愧是当代自学成长的科学巨匠和誉满中外的著名数学家。所以，坚持不懈才能成为创新拔尖人才。

一般说来，资优生的辅导，总体上可以参考数学竞赛的辅导方法，有下面12条原则[②]：

（1）课内深化与课外指导相结合；

（2）立足平时与赛前强化相结合；

（3）打好基础与能力训练相结合；

（4）小组活动与个别辅导相结合；

（5）教师辅导与学生自学相结合；

（6）教师精讲与学生勤练相结合；

（7）通法指导与特法渗透相结合；

（8）激发兴趣与严谨论证相结合；

（9）规范训练与创造训练相结合；

（10）理论学习和实际应用相结合；

（11）学校辅导与社会参与相结合；

（12）智力因素与非智力因素相结合。

---

① 李建臣.为数学而生的大师：华罗庚［M］.武汉：华中科技大学出版社，2020.

② 戴三红.数学竞赛的文化价值研究［D］.浙江：浙江师范大学教师教育学院，2006：34－37.

第四节　基于深度学习理念的数学思维培养

深度学习是人工智能领域和教育领域的共同概念，但是区别很大。人工智能领域的深度学习是指实现机器学习的高效技术，因人工神经网络的隐层数量多而得名，主要应用于图像及语音识别、专项竞赛等方面；教育领域的深度学习则是指以提升批判性思维、问题解决等高阶能力为目标的有效学习方式，旨在提高学生的学习质量。

近年来，教育领域的深度学习研究方兴未艾。所谓深度学习，就是指在教师引领下，学生围绕着具有挑战性的学习主题，全身心积极参与、体验成功、获得发展的有意义的学习过程。学生以高阶思维的发展和实际问题的解决为目标，积极主动地、批判性地学习新的知识和思想，并将它们融入原有的认知结构中，且能将已有的知识迁移到新的情境中的一种学习，这些也是深度学习的重点。深度学习的难点是注重批判性理解、强调信息整合、着意迁移运用。

首都师范大学王尚志教授认为：在深度学习的教学中，学生在教师的引领下，积极参与、全身心投入，获得健康发展的、有意义的主动学习过程。在这个过程中，学生在素养导向学习目标的引领下，聚焦引领性学习主题，展开挑战性学习活动，理解知识的本质，体验、掌握学科基本思想与方法，建构学科知识结构，理解并评判学习内容与过程，创造性地解决问题，形成积极的内在学习动机、高级的社会性情感和正确的价值观；深度学习的目标是成为既有扎实学识基础，又有独立思考能力、善于合作、有社会责任感、有创新精神和实践能力、能够创造美好未来的社会实践的主人。

我觉得深度学习的关键是联想能力的培养，只有把联想能力培养好，学习才能深入，深度学习才能发生。因为知识的学习其实就是学习关联，每学习一个知识，深度学习者都需要"上下左右"地进行如下思考：

上：这个知识怎么来的？

下：这个知识在数学中有什么用处？在其他学科和实际问题中有什么用处？

左右：这个知识与其他什么知识、方法、思想有关联？有没有相互转化的可能？

如果学生学习每一个知识点都这样思考，那么学生的知识体系就会很完善、很全面，知识间的纵横联系就会有很多，学得的知识就会很牢靠，学习水平和思维水平就会很高。

下面我以三角函数一章部分知识的讲解为例，探究如何实施深度学习。我的主要观点是：在教科书的知识体系中查找空缺，完善知识网络，使深度学习发生。

一、中线的计算[①]

我们知道，三角形有三条重要线段，分别是中线、高、角平分线。这三条重要线段的计算中，高最简单，可以通过面积相等来转换。但是其余两条线段的长，教科书正文部分就没有了，那么，怎么来计算呢？

如图 2-12，在 $\triangle ABC$ 中，角 A，B，C 所对的边分别记为 a，b，c，如何求边 a 上的中线 m_a？

其实我们可以将中线 AD 延长至 A'，使得 $AD = A'D$，那么四边形 $ABA'C$ 就是一个平行四边形，利用平行四边形的性质：平行四边形的对角线的平方和等于四边的平方，可得：$(2m_a)^2 + a^2 = 2(b^2 + c^2) \Rightarrow m_a = \frac{1}{2}\sqrt{2b^2 + 2c^2 - a^2}$，

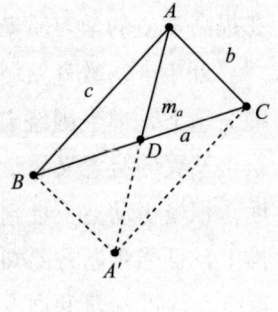

图 2-12

同理，$m_b = \frac{1}{2}\sqrt{2a^2 + 2c^2 - b^2}$，$m_c = \frac{1}{2}\sqrt{2a^2 + 2b^2 - c^2}$。

二、角平分线长的计算

如图 2-13，在 $\triangle ABC$ 中，角 A，B，C 所对的边分别记为 a，b，c，如何求角 A 的内角平分线 AE 的长 t_a？

利用内角平分线的性质，可得 $\frac{BE}{EC} = \frac{c}{b}$，故 $BE = \frac{ac}{b+c}$，$EC = \frac{ab}{b+c}$。然后

[①] 戴三红. 数学竞赛的文化价值研究 [D]. 浙江：浙江师范大学教师教育学院，2006：34-37.

利用两个余弦角相等：$\cos\angle ABE = \cos\angle ABC$，得出：

$$\frac{c^2 + \left(\frac{ac}{b+c}\right)^2 - t_a^2}{2c \cdot \frac{ac}{b+c}} = \frac{c^2 + a^2 - b^2}{2ca} \Rightarrow t_a = \frac{2}{b+c}\sqrt{bcp(p-a)},$$

其中 p 为半周长，

同理，可得 $t_b = \dfrac{2}{a+c}\sqrt{acp(p-b)}$，$t_c = \dfrac{2}{a+b}\sqrt{abp(p-c)}$.

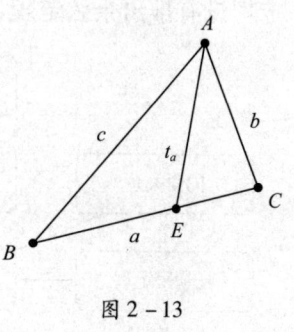

图 2-13

三、正切定理

常常有人提问，为什么教科书上只有正弦定理、余弦定理，怎么没有正切定理、余切定理呢？不着急，教科书上还真有一个正切定理①，这是法国著名数学家韦达发现的。②

正切定理：在△ABC 中，求证：$\dfrac{a+b}{b-c} = \dfrac{\tan\dfrac{A+B}{2}}{\tan\dfrac{A-B}{2}}$.

怎么证明呢？留给聪明的读者去完成。

四、众多三角定理的互推

在四川省数学会 2020 年学术年会上，内江师范学院王新民教授讲道：三角函数万宗归一，可以形成一个巨大的体系，这很有意思。如图 2-14，该体系从和角公式出发，把常见的教科书公式定理纳入其中，而且将托勒密定理、射影定理等课外知识也纳入体系之中。笔者第一次听到后就在思考，这个余弦定理怎么推出正弦定理呢？过了一段时间，笔者又在华东师范大学汪晓勤教授的讲座上也听到了一个类似的体系，汪教授更是把五大定理：正弦定理、余弦定理、托勒密定理、射影公式、勾股定理全部联系起来，都可以互推，如图 2-15，我深深地被多个数学定理竟然能够融入一个体系的魅力迷住了。当然，这两个体系稍微有点不同，比如，在王老师的体系中，正弦

---

① 课程教材研究所，中学数学课程教材研究开发中心. 普通高中课程标准实验教科书数学必修 5 [M]. 北京：人民教育出版社，2004（5）：22.

② 克莱因. 古今数学思想（第 1 册）[M]. 上海：上海科学技术出版社，2014（1）：196.

定理没有推出余弦定理，但是汪教授的却可以，笔者就这一点进行了思考。

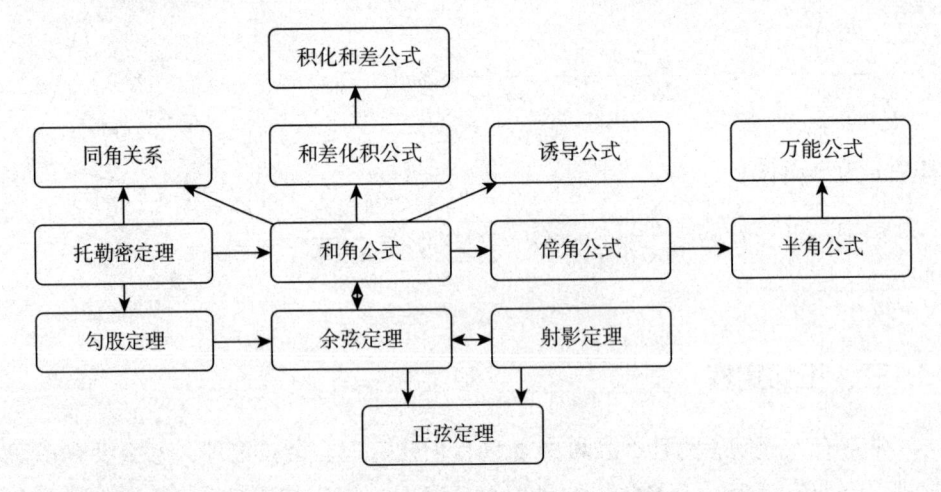

图 2-14　王新民教授关于三角函数的"万宗归一"体系

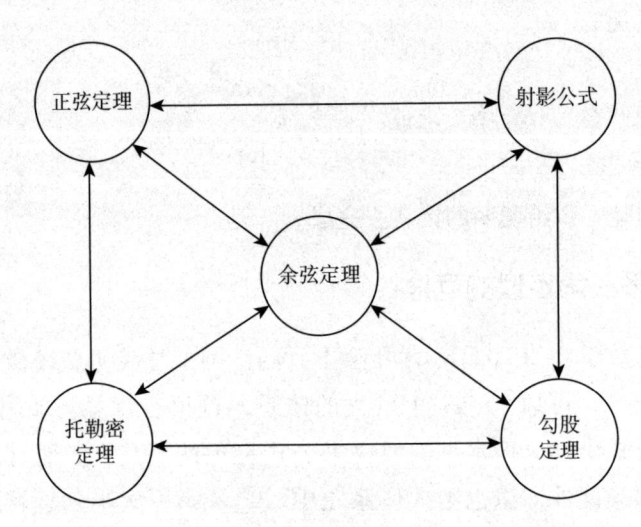

图 2-15　汪晓勤教授关于三角函数的五大定理互推体系

下面我们实现正弦、余弦定理的互推。

1. 由正弦定理推导出余弦定理

因为 $\sin(A+B) = \sin(\pi-C) = \sin C$，所以 $\sin A\cos B + \cos A\sin B = \sin C$，把上式的三个正弦值换为边，得 $a\cos B + b\cos A = c$（其实这就是射影定理），即 $a\cos B = c - b\cos A$。　　　　　　　　　　　　　　　　　　　　　①

又由正弦定理得 $a\sin B = b\sin A$，　　　　　　　　　　　　　　　　　　　②

①² + ②²，得 $a^2 = b^2 + c^2 - 2bc\cos A$，

同理可证：$b^2 = c^2 + a^2 - 2ca\cos B$，$c^2 = a^2 + b^2 - 2ab\cos C$.

评注：这个由正弦定理推出余弦定理的过程，与建坐标系证明余弦定理的过程有点类似。

2. 由余弦定理推正弦定理

要证 $a\sin B = b\sin A$，即证 $a^2\sin^2 B = b^2\sin^2 A$，即证 $a^2(1-\cos^2 B) = b^2(1-\cos^2 A) \Leftrightarrow a^2 - b^2 = a^2\cos^2 B - b^2\cos^2 A$，

而由余弦定理，得 $a\cos B = a \cdot \dfrac{c^2+a^2-b^2}{2ac} = \dfrac{c^2+a^2-b^2}{2c}$，　　　③

$b\cos A = b \cdot \dfrac{b^2+c^2-a^2}{2bc} = \dfrac{b^2+c^2-a^2}{2c}$，　　　④

③² － ④² 得：

$$a^2\cos^2 B - b^2\cos^2 A = \frac{(c^2+a^2-b^2)^2 - (b^2+c^2-a^2)^2}{4c^2}$$

$$= \frac{2c^2 \cdot (2a^2 - 2b^2)}{4c^2} = a^2 - b^2,$$

也就是说 $a\sin B = b\sin A$ 得证。同理，可证 $a\sin C = c\sin A$，所以正弦定理得证。

以上这几个例子，主要说明了完善知识网络可以促使深度学习发生。深度学习的理念在教学中的应用方法很多，比如，可以利用情境式教学法促进深度学习，因为知识具有情境性，当学生遇到真实的情境时，学习才会进行；只有把学习应用在情境中，有意义的学习才会发生。数学学科核心素养就在学生与情境、问题的有效互动中得到提升。

根据高中数学课程标准，情境分为现实情境、数学情境、科学情境，每一种又分为熟悉的、关联的、综合的三种层次，所以总体上有九种情境：

表 2-1　九种情境

一	现实情境	数学情境	科学情境
熟悉的	熟悉的现实情境	熟悉的数学情境	熟悉的科学情境
关联的	关联的现实情境	关联的数学情境	关联的科学情境
综合的	综合的现实情境	综合的数学情境	综合的科学情境

设计合适的教学情境、提出合适的数学问题是有挑战性的，这既为教师的实践创新提供平台，同时也可以促进深度学习的发生，相关案例不再赘述。

第三章 以文化人：开展中学数学德育的研究和实践[①]

[①] 本章内容获得2019年成都市中学德育优秀案例评选二等奖。

数学不仅在知识上给人以美感，给人以解决问题的模式，还间接地对人格的发展起着潜移默化的作用，主要体现在求真、求实、求善、求美上，这就使得数学教育有了立德树人的教育作用。

第一节 数学教育具有的德育价值

中华人民共和国成立70周年之际,吴文俊院士被授予"人民科学家"国家荣誉称号。吴文俊(1919—2017)是世界著名的数学家,首届国家最高科学技术奖获得者,他在拓扑学、数学机械化和中国数学史研究领域取得了杰出成就,为我国的现代数学事业和数学史学科发展做出了卓越的贡献。[①] 他特别指出:世界数学发展有两条主线,一条是希腊数学的演绎模式,另一条就是中国数学的机械化模式。

1975年,吴文俊认为世界数学发展的主线如图3-1所示(其中的C代表世纪),并得到国际数学界的认同。

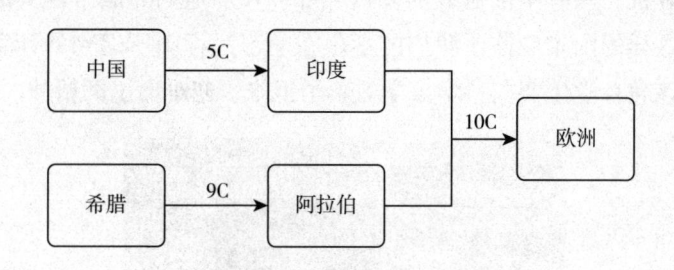

图3-1 世界数学发展的主线

吴院士的这个结论一下把中国古代数学拉入世界数学发展的主流,纠正了西方数学界一直认为世界数学发展的主流只存在于希腊的错误说法[②]。不仅如此,吴文俊院士还用算法的观点对中国古算作了分析,从中受到启发,提出了

[①] 纪志刚,徐泽林. 论吴文俊的数学史业绩 [M]. 上海:上海交通大学出版社,2019:序言.
[②] 1972年出版的美国数学家克莱因的数学名著《古今数学思想》在前言中认为:我忽略了几种文化,例如中国的、日本的和玛雅的文化,因为他们的工作对于数学思想的主流没有影响。

用计算机自动证明几何定理的有效方法,在国际上被称为"吴方法"。这个方法植根于中国的古算之中,与当今计算机技术的发展方向不谋而合,再次印证了中国数学的伟大!

吴院士的成果极大地提高了中国数学在国际数学史中的地位,提升了我们民族的自尊心,增强了我们的民族自豪感!

数学家吴文俊的光辉事迹,充分证明了他身上拥有的家国情怀和责任担当精神,我们应该积极向他学习。不仅如此,古今中外的数学家发现了数学学习具有内隐的德育价值。比如,古希腊哲学家柏拉图(Plato)认为学习数学不只是为了求真,也是为了求善、求美。明朝徐光启在其翻译的西方数学名著《几何原本》的序言中写道:"此书为益,能令学理者袪其浮气,练其精心;学事者资其定法,发其巧思;故举世无一人不当学。"美国数学教师协会主席马特·拉森(Matt Larson)认为:我们还通过数学的批判性思维而发展公民的民主,这对我们来说也是一个重要的目标。数学学习拥有提高人的道德水准,改变人的一些性格特征,发展公民的民主等一系列附加功能,所以,数学学习具有极大的德育价值。

中国科学家在研制两弹的时候,需要大量的天文数字般的计算,他们没有现代化的计算机,只有中国古老的算盘和计算尺。他们克服了巨大的困难,最后成功了。这样的困难应该比我们的学生在学习过程中所遇到的计算难度大得多,我们应该教育学生要向科学家学习不怕困难、迎难而上的精神。

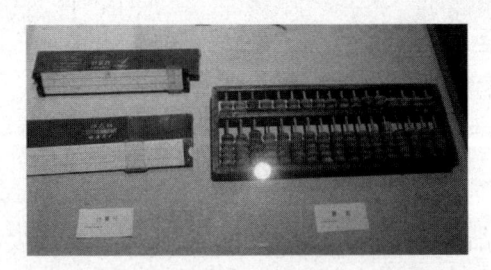

图3-2 中国科学家在研制两弹一星时用到的计算尺、算盘[1]

华东师范大学著名数学家张奠宙教授[2]开创出一门数学与德育的交叉学科,那就是数学德育。他建构了数学学科德育的3个维度:人文精神、科学素养、

---

[1] 本书的照片,未说明来源者,均为作者拍摄。
[2] 张奠宙教授是数学、数学史、数学教育的三栖学者,是我国数学教育学科的理论奠基人之一,他和张景中、徐利治被尊称为中国数学教育界的"一徐两张"。

道德品质，展示了数学德育的 6 个层次：用数学文化感染学生；用"数学美"陶冶学生；用数学史知识激励学生；用正确的数学观指导学生；用现实数学模型鼓舞学生；以优良的课堂文化塑造学生。①

目前，教育部提出中学学生学科德育的总体目标是：以学生发展为本，落实立德树人根本任务，培育科学精神和创新意识，提升数学学科核心素养。②

以上这些资料就是目前我们开展中学数学德育研究和实践的重要参考。笔者认为，数学的德育教育如果实施得当，不仅可以发挥出数学教育的全部价值，而且有利于驱动和激励学生加强数学本身知识的学习，助推我国国民数学素养的进一步提高，从而在微观层面上提高我国的综合国力。所以，极有必要开展数学德育教育，特别是要解决数学德育实施路径的问题。

---

① 张奠宙. 数学学科德育：新视角・新案例 [M]. 北京：高等教育出版社，2007.
② 中华人民共和国教育部. 普通中学数学课程标准：2017 年版 [M]. 北京：人民教育出版社，2017：4.

第二节 中学数学德育的实施路径

一、应用数学史激励鼓动学生的学习兴趣

抽象的数学知识往往不容易引起学生的学习兴趣，我们可以讲讲历史上的数学故事来激励学生。这方面最成功的例子莫过于"最美奋斗者"——陈景润的故事。

【案例1】陈景润的故事

1948年，著名空气动力学家、清华大学航空系主任沈元因逢战事而留在福州英华中学暂时任教，陈景润是他班上的学生。沈元对学生说，二百多年前，一位名叫哥德巴赫的德国中学数学教师猜想：每一个大偶数都可以写成两个素数的和（1+1）。他写信请教法国大数学家欧拉，但欧拉直到去世也未能得出证明，从此这成了一道享誉世界的难题。沈元又说：自然科学的皇后是数学，数论是数学的皇冠，哥德巴赫猜想则是皇冠上的明珠。这个有趣的数学故事引起了陈景润极大的兴趣，奠定了陈景润为之奋斗一生的目标。1966年，陈景润耗去了几麻袋的草稿纸，证明了"每个大偶数都是一个素数及一个不超过两个素数的乘积之和（1+2）"，使他在哥德巴赫猜想的研究上取得了直到今天仍然居世界领先地位的成绩，这一结果被国际数学界誉为"陈氏定理"。2019年，陈景润荣获"最美奋斗者"称号。

其实数学史在数学教育中的重要作用早在19世纪就已经被中外数学家与数学教育学家所认识。1972年，在英国埃克塞特召开的第二届国际数学教育大会上成立了数学史与数学教学关联国际研究小组（International Study Group on the Relations between History and Pedagogy of Mathematics，简称HPM）。HPM认为：数学史有助于学生保持对数学的兴趣，并且数学史对学生具有激励功能。

中国数学史学会前理事长李文林研究员认为：数学史可以帮助学生明确学习数学的目的，增强学习数学的动力①。

二、使用哲学知识培养学生的理性精神

当学习到达一定高度的时候，哲学和数学的联系越来越紧密，美国数学家波利亚和中国数学家傅仲孙都提倡把哲学应用于数学教学之中。《普通中学数学课程标准（2017年版）》中多处体现哲学的道理，比如："整体把握教学内容，促进数学学科核心素养连续性和阶段性发展""既要重视教，也要重视学，促进学生学会学习。"②

北京第二十二中学著名数学特级教师孙维刚认为："知识间有着内在的联系，学科内的知识有联系，不同学科知识之间也有联系。不仅是掌握这些联系，更要掌握探索这些联系的方法，这就是哲学。"

【案例2】两角和与差的余弦公式的一个引入片段③

T：同学们，前面我们学习了单角三角函数的定义和算法，那么对于两个角的和、两个角的差、一个角的两倍，它们的三角函数值怎么计算呢？今天我们就来学习它们的计算公式。首先，我们先看一下究竟有哪些公式需要学习呢？

S：哦……正弦的3个，余弦的3个，正切的3个，共计9个。

T：按顺序在黑板上写上这9个，并编号。

$\sin 2\alpha = ?$ ⋯⑦　　$\sin(\alpha+\beta) = ?$ ⋯①　　$\sin(\alpha-\beta) = ?$ ⋯④
$\cos 2\alpha = ?$ ⋯⑧　　$\cos(\alpha+\beta) = ?$ ⋯②　　$\cos(\alpha-\beta) = ?$ ⋯⑤
$\tan 2\alpha = ?$ ⋯⑨　　$\tan(\alpha+\beta) = ?$ ⋯③　　$\tan(\alpha-\beta) = ?$ ⋯⑥

T：这9个公式之间都进行推导会比较麻烦，能否由其中一些得到其他的呢？

---

① 李文林．学一点数学史——谈谈中学数学教师的数学史素养［J］．数学通报，2011（4）：1-5．
② 中华人民共和国教育部．普通中学数学课程标准：2017年版［M］．北京：人民教育出版社，2017：20，21，29，82-83．
③ 其中S代表学生发言，T代表教师发言。

S：令 α = β，就可以从①②③得出⑦⑧⑨，再把 β 换成 −β，就可以从①②③推出④⑤⑥，在黑板上用箭头标出这两个情形。

sin2α = ? ···⑦	sin（α+β）= ? ···①	sin（α−β）= ? ···④
cos2α = ? ···⑧ ←[令 α=β]—	cos（α+β）= ? ···② —[令 β 为 −β]→	cos（α−β）= ? ···⑤
tan2α = ? ···⑨	tan（α+β）= ? ···③	tan（α−β）= ? ···⑥

T：可见只需要推导①②③。那么①②③这 3 个公式之间有没有联系呢？

S：由①除以②即可以得出③。

T：我们其实只需要推导①与②这 2 个公式，9 个变成了 2 个，简单不？

S：简单。

T：数学的发展还十分依赖符号，假设把①记作 $S_{\alpha+\beta}$，为什么这样记呢？你能给出其他公式的符号吗？

S：②记作 $C_{\alpha+\beta}$，③记作 $T_{\alpha+\beta}$，……，⑨记作 $T_{2\alpha}$。

T：在黑板上用符号改过来，请同学们给出这 9 个公式的一种推导路径。

S：好的（略）。

T：有没有其他的推导路径？

S：其实还可以先推导 $S_{\alpha+\beta}$ 得出 $S_{\alpha-\beta}$，然后推出 $S_{2\alpha}$，其他类似。

T：如果按照刚才的这种推导方法，关键是哪个公式？

S：④⑤。

T：④与⑤从哪一个开始研究呢？

S：（思考后）可能都可以。

T：换句话说，9 个公式，实际上就是从 2 个或者 1 个开始的。我们不妨从⑤开始，就是两角差的余弦公式开始。今后同学们可以思考从④开始，也可以从①开始，也可以从②开始，神奇的三角函数公式的推导之旅就是这样开始的。

以上课例给出了一个解决问题的哲学模式，就是：从简单着手；转化问题；找到这个问题的主要矛盾；使用符号的意识等。笔者想，也许学生在几十年后，具体的三角函数公式早就忘得一干二净，但是经过三年的哲学教育的熏陶，他们所得到的一种解决问题的思考方式，却在心中扎下了根；数学教师那一双充满期待的眼光与和蔼的表情，教学过程中的激情在学生的心目中留下了永远的记忆。可以这样说：揭示数学的人文性与哲学式的思维，是数学教育者的双重任务。

三、在变式问题解决过程中培养学生的坚强意志

中国数学教学的重要特色与教学优势是进行"变式"问题教学，或者变"背景"，或者变"对象"，或者变"条件"……变式之丰富前所未有。华东师范大学张奠宙与顾泠沅教授[1]就是变式问题教学的倡导者。

问题是数学的心脏，所以美国著名数学家波利亚在《怎样解题》中认为：数学教师最重要的任务之一是帮助学生解题。这里的"题"不仅包含有标准答案的习题，也包含开放式、没有标准答案的题，甚至泛指一切可以使用数学知识求解的问题。波利亚同时说道：教学生解题也是一种意志的教育。学生要解决对他来说并不容易的题目，将要学会面对失败锲而不舍、重视小的进步、静候实质性的念头，当这一念头出现后全力以赴。如果学生在学校中没有机会使自己体会到这种为解题奋斗而带来的各种情绪变化，他的数学教育就在最重要的一点上失败了。[2]

【案例3】 一个数学问题解决过程中蕴含的意志教育

问题：当 $x \geq 0$ 时，$e^x - x \geq mx\ln(x+1) + 1$ 恒成立，求实数 m 的取值范围。

分析：这道试题的首要思路就是分离参数 m，为此，移项得：

$e^x - x - 1 \geq mx\ln(x+1)$

当 $x = 0$ 时，$m \in \mathbf{R}$；

当 $x > 0$ 时，分离参数 m 得：$m \leq \dfrac{e^x - x - 1}{x\ln(x+1)}$，设右边的函数为 $f(x)$，只需求出其最小值，一般思路就是求导分析其单调性。

$$f'(x) = \frac{(e^x - 1)x\ln(x+1) - (e^x - x - 1)\left[\ln(x+1) + \dfrac{x}{x+1}\right]}{x^2\left[\ln(x+1)\right]^2}$$

---

[1] 顾泠沅教授是继华罗庚之后时隔41年，受邀在第十四届国际数学教育大会上作大会报告的中国学者。

[2] 波利亚. 怎样解题：数学思维的新方法 [M]. 涂泓，冯承天，译. 上海：上海科技教育出版社，2007：79.

$$= \frac{e^x x \ln(x+1) - e^x \ln(x+1) - \dfrac{xe^x}{x+1} + \ln(x+1) + x}{x^2 [\ln(x+1)]^2},$$

导函数的正负不好判定，此时再求二阶导数显然太复杂。

怎么办呢？能不能不看分母，只看分子的正负呢？当然可以，因为分母是正的，所以可以不管。那么令分子为 $v(x)$，有没有办法判断 $v(x)$ 的正负情况呢？

如果再对 $v(x)$ 求导，得：

$$v'(x) = e^x x \ln(x+1) + e^x \ln(x+1) + e^x x \frac{1}{x+1} - e^x \ln(x+1) - \frac{e^x}{x+1} - e^x - \frac{xe^x}{(x+1)^2} + \frac{1}{x+1} + 1,$$

这个式子相当复杂。一下子根本看不出来正负，甚至很多人连这个表达式都不敢求或者求不出来。这条道路不好走。

能不能将 $v(x)$ 分割成几个部分，每一个部分都是正的或者都是负的呢？这里肯定需要正负项搭配，经过多次试探，发现也不行。

那能不能一团正数和一团负数相加，能判定正的绝对值大，或者负的绝对值大呢？也不行。

能猜出一个零点吗？不能。

至此，一向万能的分离参数法求范围的方法宣告失败，从而只有转向另一种方法——"带着参数求最值"的方法。

为此，令 $g(x) = e^x - x - mx\ln(x+1) - 1$，

求导得 $g'(x) = e^x - 1 - m\ln(x+1) - \dfrac{mx}{x+1}$，

再求导 $g''(x) = e^x - \dfrac{m}{x+1} - \dfrac{m}{(x+1)^2} = e^x - \dfrac{m(x+2)}{(x+1)^2}$，发现依然不好继续做下去。

又陷入了僵局。

这时候突然发现 $g(0) = 0$，$g'(0) = 0$，$g(x) \geq 0$ 对 $x \geq 0$ 成立的一个必要条件是 $g''(0) \geq 0$，

所以得到一个 m 的初步范围 $\left(-\infty, \dfrac{1}{2}\right]$；

反过来，当 $m \leq \dfrac{1}{2}$ 时，$g'''(x) = e^x + \dfrac{m(x+3)}{(x+1)^3}$，

(1) 当 $0 \leq m \leq \frac{1}{2}$ 时，显然 $g'''(x) = e^x + \frac{m(x+3)}{(x+1)^3} > 0$，所以 $g''(x) = e^x - \frac{m(x+2)}{(x+1)^2}$ 在 $[0, +\infty)$ 递增，从而 $g''(x) \geq g''(0) = 1 - 2m \geq 0$，从而 $g'(x)$ 在 $[0, +\infty)$ 递增，所以 $g'(x) \geq g'(0) = 0$，即 $g(x)$ 在 $[0, +\infty)$ 递增，所以 $g(x) \geq g(0) = 0$，原式成立；

(2) 当 $m < 0$ 时，$g''(x) > 0$ 显然成立，同（1）依然可以得到原式恒成立。

综上所述，m 的范围是 $\left(-\infty, \frac{1}{2}\right]$。

这第三个办法就是利用端点的条件是原式成立的必要条件，再证明它是充分的，这个方法就是"端点效应法"。

从上面看出，为了将这个问题解决，我们动用了各种方法，穷尽了很多思路，百折不挠、千辛万苦地完成了任务。这不正是一种奋斗精神吗？

中学数学教学离不开解题教学，但如果仅仅是停留在解题、刷题的层面，显然是不能达到数学德育的效果的，数学教师绝不能把数学教育的格局缩小了，而应该站在学生未来发展的大局上思考：怎么教会学生解决问题的一般思路？怎么教会学生百折不挠、不达目的誓不罢休的精神？这就是数学学习中的一个最重要的德育价值。

中学数学德育的三个实施路径的关系如何呢？笔者认为是这样的（如图3-3所示）：

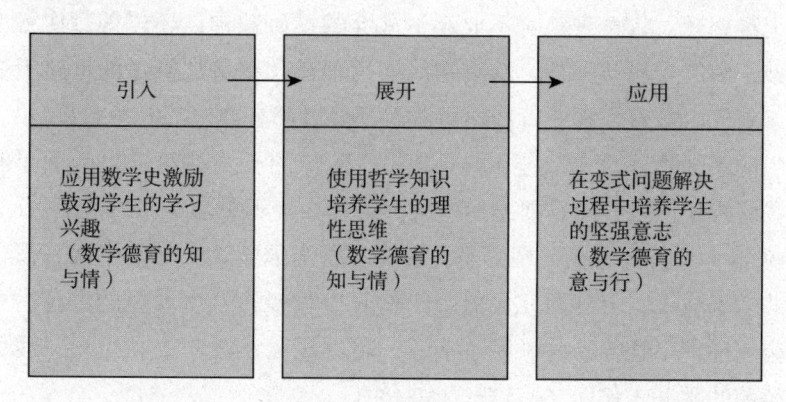

引入	→	展开	→	应用
应用数学史激励鼓动学生的学习兴趣（数学德育的知与情）		使用哲学知识培养学生的理性思维（数学德育的知与情）		在变式问题解决过程中培养学生的坚强意志（数学德育的意与行）

图 3-3 三个路径的关系

当然，数学史的利用，绝不仅仅只是讲一些故事。华东师大汪晓勤教授认为，数学史的运用方式如下：

表3-1 数学史的运用方式

类别	描述	运用方式	可达到效果
附加式	在教学中展示有关数学家的图片，讲述数学史上的逸闻趣事	直接运用	提升兴趣，调节学习，初步感受数学的趣味
复制式	在教学中直接采用历史上的数学问题、解法	直接运用	拉近与历史的距离，感受数学的神奇
顺应式	根据数学历史材料，编制或改编数学问题	间接运用	借助历史，来帮助知识点的学习
重构式	借鉴或者重构知识的发生、发展历程	间接运用	体验数学发展史中火热的思考过程、感受数学的魅力

笔者曾经对一些毕业几年后的学生进行访谈，问他们喜欢数学教育课堂的原因。下面是部分结果：

学生杨某（高三开始数学成绩只有70分左右，经过笔者坚持不懈的数学德育教育的熏陶，高考数学取得121分）：王老师，您在解决问题过程中那永不放弃的精神让我深受教育，印象深刻，我将永远铭记您的奋斗精神！

学生谭某（考入北京师范大学，高考数学140分）：王老师，感谢您在高中时期，尤其是高三一年的悉心照顾和耐心释疑。还记得三诊考试失利后您在办公室的暖心宽慰；还记得数学考试失利时您在试卷上写下的铿锵"加油"二字；还记得您面对数学难题时不放弃不抛弃的钻研精神；还记得每次咨询问题时您真诚亲和的笑容与眼神。这一切的一切都让我在备战高考的道路上多了一份底气、勇气与从容，让我每次面对学习低谷时都有冲出谷底的力量！

学生俞某（考入清华大学）：王老师，欧拉的历史故事一下吸引了我，我一直想我的人生比欧拉还是要幸运些的，为什么我不更加努力一些呢？

2019年5月，笔者在上海交通大学第八届全国数学史与数学教育研讨会报告自己的学术成果，得到西北民族大学格日吉教授等众多教授的好评。中国数学史学会现任理事长徐泽林教授也表示，将继续关注数学史在中学一线的应用并做好相关的服务工作。

中国人聪明，一定能在数学学科的研究中取得突破，从而彻底解决我国在关键科学领域亟需解决的问题。作为中学数学教师，我们应该积极行动起来，大力开发数学德育的价值，促进我国普通公民数学素养的进一步提升，为实现伟大复兴的中国梦而努力奋斗！

第四章 考试评价中的数学文化

我国高考作为全世界规模最大的选拔性考试，具有较高的关注度，这里面体现的数学文化非常值得关注。笔者曾在2009年、2011年参与四川省普通高考数学科评卷，并受四川省高考评卷指导委员会委托，在四川省高考评卷分析会上评讲两道高考试题，本章前两节就来领略这两次评卷分析报告会的书面材料。这两次高考是在全国分省命题的背景下，四川省自主命制的两道试题。第三节则是笔者命制的一道期末考试试题的案例，主要想说明命制数学文化测试题的艰辛。第四节谈谈2021年全国高考数学文化测试题涉及的弦图和《海岛算经》第一题的教育意义。

第一节 某年高考四川卷文理科22题评析

一、试题再现

【试题1】（文科22题，本小题满分14分）设数列$\{a_n\}$的前n项和为S_n，对任意的正整数n，都有$a_n = 5S_n + 1$成立，记$b_n = \dfrac{4+a_n}{1-a_n}(n \in \mathbf{N}^*)$.

（Ⅰ）求数列$\{a_n\}$与数列$\{b_n\}$的通项公式；

（Ⅱ）设数列$\{b_n\}$的前n项和为R_n，是否存在正整数k，使得$R_n \geqslant 4k$成立？若存在，找出一个正整数k；若不存在，请说明理由；

（Ⅲ）记$c_n = b_{2n} - b_{2n-1}(n \in \mathbf{N}^*)$，设数列$\{c_n\}$的前$n$项和为$T_n$，求证：对任意正整数$n$，都有$T_n < \dfrac{3}{2}$.

解析：（Ⅰ）当$n=1$时，$a_1 = 5a_1 + 1, \therefore a_1 = -\dfrac{1}{4}$，

又$\because a_n = 5S_n + 1$，$a_{n+1} = 5S_{n+1} + 1$，

$\therefore a_{n+1} - a_n = 5a_{n+1}$，即$\dfrac{a_{n+1}}{a_n} = -\dfrac{1}{4}$，$\therefore$数列$\{a_n\}$是首项为$a_1 = -\dfrac{1}{4}$，公比为$q = -\dfrac{1}{4}$的等比数列，$\therefore a_n = \left(-\dfrac{1}{4}\right)^n$，$b_n = \dfrac{4 + \left(-\dfrac{1}{4}\right)^n}{1 - \left(-\dfrac{1}{4}\right)^n}(n \in \mathbf{N}^*)$.

（Ⅱ）不存在正整数k，使得$R_n \geqslant 4k$成立。

证明：由（Ⅰ）知$b_n = \dfrac{4 + \left(-\dfrac{1}{4}\right)^n}{1 - \left(-\dfrac{1}{4}\right)^n} = 4 + \dfrac{5}{(-4)^n - 1}$，

$\therefore b_{2k-1} + b_{2k} = 8 + \dfrac{5}{(-4)^{2k-1} - 1} + \dfrac{5}{(-4)^{2k} - 1} = 8 + \dfrac{5}{16^k - 1} - \dfrac{20}{16^k + 4} =$

$8 - \dfrac{15 \times 16^k - 40}{(16^k - 1)(16^k + 4)} < 8$. $\therefore$ 当 n 为偶数时，设 $n = 2m(m \in \mathbf{N}^*)$，

$\therefore R_n = (b_1 + b_2) + (b_3 + b_4) + \cdots + (b_{2m-1} + b_{2m}) < 8m = 4n$.

当 n 为奇数时，设 $n = 2m - 1(m \in \mathbf{N}^*)$，

$\therefore R_n = (b_1 + b_2) + (b_3 + b_4) + \cdots + (b_{2m-3} + b_{2m-2}) + b_{2m-1}$

$\qquad < 8(m-1) + 4 = 8m - 4 = 4n$，

$\therefore$ 对于一切的正整数 n，都有 $R_n < 4k$，

$\therefore$ 不存在正整数 k，使得 $R_n \geq 4k$ 成立。

（Ⅲ）由 $b_n = 4 + \dfrac{5}{(-4)^n - 1}$ 得：

$c_n = b_{2n} - b_{2n-1} = \dfrac{5}{4^{2n} - 1} + \dfrac{5}{4^{2n-1} + 1} = \dfrac{25 \times 16^n}{(16^n - 1)(16^n + 4)} = \dfrac{25 \times 16^n}{(16^n)^2 + 3 \times 16^n - 4}$

$< \dfrac{25 \times 16^n}{(16^n)^2} = \dfrac{25}{16^n}$，又 $b_1 = 3, b_2 = \dfrac{13}{3}, \therefore c_2 = \dfrac{4}{3}$.

当 $n = 1$ 时，$T_1 < \dfrac{3}{2}$，当 $n \geq 2$ 时，

$T_n < \dfrac{4}{3} + 25 \times \left(\dfrac{1}{16^2} + \dfrac{1}{16^3} + \cdots + \dfrac{1}{16^n}\right) = \dfrac{4}{3} + 25 \times \dfrac{\dfrac{1}{16^2}\left[1 - \left(\dfrac{1}{16}\right)^{n-2}\right]}{1 - \dfrac{1}{16}}$

$< \dfrac{4}{3} + 25 \times \dfrac{\dfrac{1}{16^2}}{1 - \dfrac{1}{16}} = \dfrac{69}{48} < \dfrac{3}{2}$.

【试题2】 （理科22题，本小题满分14分）设数列 $\{a_n\}$ 的前 n 项和为 S_n，对任意的正整数 n，都有 $a_n = 5S_n + 1$ 成立，记 $b_n = \dfrac{4 + a_n}{1 - a_n} (n \in \mathbf{N}^*)$.

（Ⅰ）求数列 $\{b_n\}$ 的通项公式；

（Ⅱ）记 $c_n = b_{2n} - b_{2n-1} (n \in \mathbf{N}^*)$，设数列 $\{c_n\}$ 的前 n 项和为 T_n，求证：对任意正整数 n，都有 $T_n < \dfrac{3}{2}$；

（Ⅲ）设数列 $\{b_n\}$ 的前 n 项和为 R_n，已知正实数 λ 满足：对任意正整数 $n, R_n \leq \lambda n$ 恒成立，求 λ 的最小值。

解析：（Ⅰ）当 $n=1$ 时，$a_1 = 5a_1 + 1$，$\therefore a_1 = -\dfrac{1}{4}$，

又 $\because a_n = 5S_n + 1, a_{n+1} = 5S_{n+1} + 1$，

$\therefore a_{n+1} - a_n = 5a_{n+1}$，即 $a_{n+1} = -\dfrac{1}{4}a_n$，$\therefore$ 数列 $\{a_n\}$ 成等比数列，其首项 $a_1 = -\dfrac{1}{4}$，公比是 $q = -\dfrac{1}{4}$，$\therefore a_n = \left(-\dfrac{1}{4}\right)^n$，$\therefore b_n = \dfrac{4+\left(-\dfrac{1}{4}\right)^n}{1-\left(-\dfrac{1}{4}\right)^n}$；

（Ⅱ）由（Ⅰ）知 $b_n = 4 + \dfrac{5}{(-4)^n - 1}$，

$\therefore c_n = b_{2n} - b_{2n-1} = \dfrac{5}{4^{2n}-1} + \dfrac{5}{4^{2n-1}+1} = \dfrac{25 \times 16^n}{(16^n - 1)(16^n + 4)}$

$= \dfrac{25 \times 16^n}{(16^n)^2 + 3 \times 16^n - 4} < \dfrac{25 \times 16^n}{(16^n)^2} = \dfrac{25}{16^n}.$

又 $b_1 = 3, b_2 = \dfrac{13}{3}$，$\therefore c_1 = \dfrac{4}{3}$.

当 $n=1$ 时，$T_1 < \dfrac{3}{2}$；

当 $n \geq 2$ 时，$T_n < \dfrac{4}{3} + 25 \times \left(\dfrac{1}{16^2} + \dfrac{1}{16^3} + \cdots + \dfrac{1}{16^n}\right)$，

$= \dfrac{4}{3} + 25 \times \dfrac{\dfrac{1}{16^2}\left[1 - \left(\dfrac{1}{16}\right)^{n-1}\right]}{1 - \dfrac{1}{16}} < \dfrac{4}{3} + 25 \times \dfrac{\dfrac{1}{16^2}}{1 - \dfrac{1}{16}} = \dfrac{69}{48} < \dfrac{3}{2}$；

（Ⅲ）由（Ⅰ）知 $b_n = 4 + \dfrac{5}{(-4)^n - 1}$，

一方面，已知 $R_n \leq \lambda n$ 恒成立，取 n 为大于 1 的奇数时，设 $n = 2k + 1 (k \in \mathbf{N}^*)$，

则 $R_n = b_1 + b_2 + \cdots + b_{2k+1}$

$= 4n + 5 \times \left(-\dfrac{1}{4^1 + 1} + \dfrac{1}{4^2 - 1} - \dfrac{1}{4^3 + 1} + \cdots - \dfrac{1}{4^{2k+1} + 1}\right)$

$= 4n + 5 \times \left[-\dfrac{1}{4^1 + 1} + \left(\dfrac{1}{4^2 - 1} - \dfrac{1}{4^3 + 1}\right) + \cdots + \left(\dfrac{1}{4^{2k} - 1} - \dfrac{1}{4^{2k+1} + 1}\right)\right]$

$> 4n - 1$，

$\therefore \lambda n \geq R_n > 4n - 1$，即 $(\lambda - 4)n > -1$ 对一切大于 1 的奇数 n 恒成立，

∴ $\lambda \geq 4$，否则，$(\lambda - 4)n > -1$ 只对满足 $n < \dfrac{1}{4-\lambda}$ 的正奇数 n 成立，矛盾。

另一方面，当 $\lambda = 4$ 时，对一切的正整数 n 都有 $R_n \leq 4n$，

事实上，对任意的正整数 k，有：

$$b_{2k-1} + b_{2k} = 8 + \dfrac{5}{(-4)^{2k-1} - 1} + \dfrac{5}{(-4)^{2k} - 1}$$

$$= 8 + \dfrac{5}{(16)^k - 1} - \dfrac{20}{(16)^k + 4} = 8 - \dfrac{15 \times 16^k - 40}{(16^k - 1)(16^k + 4)} < 8,$$

∴ 当 n 为偶数时，设 $n = 2m (m \in \mathbf{N}^*)$，

则 $R_n = (b_1 + b_2) + (b_3 + b_4) + \cdots + (b_{2m-1} + b_{2m}) < 8m = 4n$．

当 n 为奇数时，设 $n = 2m - 1 (m \in \mathbf{N}^*)$，

则 $R_n = (b_1 + b_2) + (b_3 + b_4) + \cdots + (b_{2m-3} + b_{2m-2}) + b_{2m-1} < 8(m-1) + 4 = 8m - 4 = 4n$，

∴ 对一切正整数 n，都有 $R_n \leq 4n$．

综上所述，正实数 λ 的最小值为 4．

二、试题评价

文理科采用姊妹题的形式呈现。文科试题（Ⅰ）（Ⅲ）即为理科（Ⅰ）（Ⅱ）小题，文科（Ⅱ）小题稍作拔高即为理科（Ⅲ）小题。这种命题思路缩小了文理科在压轴题上的差距，加大了对文科考生综合素质的考查，体现了文理科思维水平要求应该大致相同的命题导向。

从试题来看，本题综合了不等式、数列等知识，考查了学生的潜力、创新精神与综合运用知识进行推理论证的能力，具有较强的区分度。从阅卷情况来看，差生得 0 分，中生得 3 分，一般优生可得 4—8 分，特优生才可以得到 9 分以上。可以说，完全达到了控制高分，严格区分中差生与特优生的作用。此题具有一定的高等数学背景，是一道优秀的试题。

三、学生解题主要存在的问题

1. 解题思路流程不畅，化归意识不足，比如用文科来分析

第一小题：消去 S_n 得出 a_n（最好不要化为 S_n 的递推关系），再求 b_n．

第二小题：先通过特例归纳猜想结论为不存在，然后证明。证明时发现 R_n

求和不能直接进行,于是先分离常数,然后按奇偶并项配对放缩通项,再求出和即可。

第三小题:先写出 c_n 的表达式,发现 T_n 不能直接进行求解,于是先放缩通项,再求出和即可。

理科第三小题先通过奇数的特例归纳猜想结论为 4,然后严谨化即可。

2. 概念不清晰

什么叫公比?$\dfrac{a_{n-1}}{a_n}$ 是吗?什么叫通项公式?$b_n = \dfrac{4+a_n}{1-a_n}$ 是吗?有的考生对这些概念非常模糊,从而导致做不正确或原地打圈,比如得出 $b_n = \dfrac{4+\left(-\dfrac{1}{4}\right)^n}{1-\left(-\dfrac{1}{4}\right)^n}$

后,还在取前几项值,试图再次归纳通项公式。

3. 计算与恒等变形能力较差

$a_n = \left(-\dfrac{1}{4}\right)\left(-\dfrac{1}{4}\right)^{n-1}$,应该化为 $\left(-\dfrac{1}{4}\right)^n$ 而未化,从而造成 b_n 的复杂,有的甚至错误地化为 $-\left(\dfrac{1}{4}\right)^n$,$(-2)^{-2n}$ 等,在 b_n 的放缩求和过程中需要用到分离常数,很多考生分离错误造成后续过程错误。还有很多考生错误地认为 $\{T_n\}$ 递减,在整个放缩过程中将放缩的方向搞反,本应放大却搞成缩小。

4. 缺乏对探索性问题求解的一般思路

文科第二小题与理科第三小题都需要先探索答案,再细致化、严谨化。答案可以通过研究前几项而猜出答案:

$b_1 = 3, b_2 = \dfrac{13}{3}, b_3 = \dfrac{51}{13}$,则 $b_n = \dfrac{5}{1-\left(-\dfrac{1}{4}\right)^n} + 1$,

难道不能猜想出答案吗?

又比如,有的考生采用 $b_n = \dfrac{5}{1-\left(-\dfrac{1}{4}\right)^n} + 1$ 来求 T_n,得到:

$T_n = \sum_{i=1}^{n} b_i = -n + 5\sum_{i=1}^{n} \dfrac{1}{1-\left(-\dfrac{1}{4}\right)^n} < -n + 5n = 4n$,这里错在 $b_n = \dfrac{4+a_n}{1-a_n}$

对正整数不完全成立,可以通过前几项发现。

大部分考生缺乏从特殊到一般等数学思想的锻炼。

5. 模式混淆

前几年全国各地对数列的考查，多有递推数列，此题 $b_n = \dfrac{4+a_n}{1-a_n}$ 不是一种直接的递推关系，有的考生误入一次分式递推数列的泥潭；还有的考生数列模型积累太少，直接将 a_n 设成等差数列，或将 b_n 设成等比数列。

理科第二小题不能直接使用数学归纳法，但有很多考生使用。

四、优秀解法

1. 文科第二小题也可以分离常数

$b_n = -1 + \dfrac{5}{1-\left(-\dfrac{1}{4}\right)^n}$，其余类似标准答案也可以得出 $R_n < 4n$。本题也可以采用假设检验法，即先假设存在正整数 n，再找出矛盾。但是大部分采用这种方法的考生没能正确找出矛盾。

具体方法如下：先假设存在正整数 k，即

$$\sum_{i=1}^{k}\left[4+\dfrac{5}{(-4)^i-1}\right]=4k+\sum_{i=1}^{k}\dfrac{5}{(-4)^i-1}\geqslant 4k \Leftrightarrow \sum_{i=1}^{k}\dfrac{5}{(-4)^i-1}\geqslant 0,$$

这里再用奇偶分析可以得出矛盾。

2. 理科第二小题，文科第三小题

方法 1：单项放缩再聚合求和。

由（Ⅰ）知，$b_n = 4 + \dfrac{5}{(-4)^n - 1}$，

$c_n = b_{2n} - b_{2n-1} = \dfrac{5}{4^{2n}-1} + \dfrac{5}{4^{2n-1}+1}$

$\qquad < \dfrac{5}{4^{2n-1}} + \dfrac{5}{4^{2n-1}} = \dfrac{10}{4^{2n-1}} = \dfrac{40}{16^n}$.

又 $b_1 = 3, b_2 = \dfrac{13}{3}, \therefore c_1 = \dfrac{4}{3}$.

当 $n=1$ 时，$T_1 < \dfrac{3}{2}$；

当 $n \geqslant 2$ 时，$T_n < \dfrac{4}{3} + 40\left(\dfrac{1}{16^2} + \cdots + \dfrac{1}{16^n}\right)$

$\qquad = \dfrac{4}{3} + 40 \times \dfrac{\dfrac{1}{16^2}\left[1-\left(\dfrac{1}{16}\right)^{n-1}\right]}{1-\dfrac{1}{16}}$

$$< \frac{4}{3} + 40 \times \frac{\frac{1}{16^2}}{1 - \frac{1}{16}} = \frac{4}{3} + \frac{1}{6} = \frac{3}{2},$$

∴ 对任意正整数 n, 有 $T_n < \frac{3}{2}$.

注：学生可能会将 T_n 分成两部分，即

$$\because c_n = \frac{5}{4^{2n} - 1} + \frac{5}{4^{2n-1} + 1},$$

$$\therefore T_n = \sum_{k=1}^{n} c_k = \sum_{k=1}^{n} \frac{5}{4^{2k} - 1} + \sum_{k=1}^{n} \frac{5}{4^{2k-1} + 1} < \sum_{k=1}^{n} \frac{5}{4^{2k-1}} + \sum_{k=1}^{n} \frac{5}{4^{2k-1}}.$$

方法2：先通分，再放缩裂项求和。

由（Ⅰ）知，$b_n = 4 + \frac{5}{(-4)^n - 1}$,

$$c_n = b_{2n} - b_{2n-1} = \frac{5}{4^{2n} - 1} + \frac{5}{4^{2n-1} + 1}$$

$$= \frac{25 \times 16^n}{(16^n - 1)(16^n + 4)} = \frac{25 \times 16^{n-1}}{(16^n - 1)\left(16^{n-1} + \frac{1}{4}\right)}$$

$$< \frac{25 \times 16^{n-1}}{(16^n - 1)(16^{n-1} - 1)} = \frac{5}{3}\left[\frac{1}{16^{n-1} - 1} - \frac{1}{16^n - 1}\right].$$

又 $b_1 = 3, b_2 = \frac{13}{3}, \therefore c_1 = \frac{4}{3}$.

当 $n = 1$ 时，$T_1 < \frac{3}{2}$;

当 $n \geq 2$ 时，$T_n = \frac{4}{3} + \frac{5}{3}\left[\frac{1}{15} - \frac{1}{16^2 - 1} + \cdots + \frac{1}{16^{n-1} - 1} - \frac{1}{16^n - 1}\right]$

$$= \frac{4}{3} + \frac{1}{9} - \frac{5}{3} \times \frac{1}{16^n - 1}$$

$$< \frac{13}{9} < \frac{3}{2},$$

∴ 对任意正整数 n, 有 $T_n < \frac{3}{2}$.

方法3：放缩 c_n, 使 c_n 成为用无穷递缩等比数列可以控制的数列。

由（Ⅰ）知，$b_n = 4 + \frac{5}{(-4)^n - 1}$,

∴ $3 \leq b_{2k-1} < 4$，$b_{2k} > 4$，$k = 1, 2, 3, \cdots$，且 $b_{n+1} = 3 + \dfrac{4}{b_n}$，

∴ $c_{n+1} = b_{2n+2} - b_{2n+1} = \dfrac{4 \times (b_{2n} - b_{2n+1})}{b_{2n} b_{2n+1}} = \dfrac{16 \times (b_{2n} - b_{2n-1})}{(b_{2n} b_{2n+1})(b_{2n} b_{2n-1})}$

$$< \dfrac{16 \times (b_{2n} - b_{2n-1})}{(3 \times 4)(4 \times 3)} = \dfrac{1}{9} c_n, \ n = 1, 2, 3, \cdots,$$

∴ $c_n < \dfrac{1}{9} c_{n-1} < \left(\dfrac{1}{9}\right)^2 c_{n-2} < \cdots < \left(\dfrac{1}{9}\right)^{n-1} c_1 = \dfrac{4}{3} \times \left(\dfrac{1}{9}\right)^{n-1}$，$n \geq 2$，

∴ $c_n \leq \dfrac{4}{3} \times \left(\dfrac{1}{9}\right)^{n-1}$，$n \geq 1$.

$T_n = c_1 + c_2 + \cdots + c_n = \dfrac{4}{3} \left[1 + \dfrac{1}{9} + \left(\dfrac{1}{9}\right)^2 + \cdots + \left(\dfrac{1}{9}\right)^{n-1} \right]$

$$= \dfrac{4}{3} \times \dfrac{1 - \left(\dfrac{1}{9}\right)^n}{1 - \dfrac{1}{9}} < \dfrac{4}{3} \times \dfrac{9}{8} = \dfrac{3}{2},$$

∴ 对任意正整数 n，有 $T_n < \dfrac{3}{2}$.

方法4：由（Ⅰ）知，$b_n = 4 + \dfrac{5}{(-4)^n - 1}$，

∴ $c_n = b_{2n} - b_{2n-1} = \dfrac{5}{4^{2n} - 1} + \dfrac{5}{4^{2n-1} + 1}$，

先证明：对任意的正整数 n，都有 $c_{n+1} < \dfrac{1}{9} c_n$ 成立……①

只需证：$\dfrac{5}{4^{2n+2} - 1} + \dfrac{5}{4^{2n+1} + 1} < \dfrac{1}{9} \left(\dfrac{5}{4^{2n} - 1} + \dfrac{5}{4^{2n-1} + 1} \right)$

$\Leftrightarrow \dfrac{4^{2n+1} + 4^{2n+2}}{(4^{2n+2} - 1)(4^{2n+1} + 1)} < \dfrac{1}{9} \times \dfrac{4^{2n-1} + 4^{2n}}{(4^{2n} - 1)(4^{2n-1} + 1)}$

$\Leftrightarrow \dfrac{16}{(4^{2n+2} - 1)(4^{2n+1} + 1)} < \dfrac{1}{9} \times \dfrac{1}{(4^{2n} - 1)(4^{2n-1} + 1)}$.

令 $t = 4^{2n-1}$，只需证：

$144 \times (4t - 1)(t + 1) < (64t - 1)(16t + 1)$

$\Leftrightarrow 144 \times (4t^2 + 3t - 1) < 1024t^2 + 48t - 1$

$\Leftrightarrow 448t^2 - 384t + 143 > 0$.

当 $t \geq 4$ 时，$448t^2 - 384t + 143 > 0$ 显然成立。

所以，对任意的正整数 n，都有 $c_{n+1} < \frac{1}{9}c_n$ 成立。

∴ 由①知，∴ $c_n < \frac{1}{9}c_{n-1} < \left(\frac{1}{9}\right)^2 c_{n-2} < \cdots < \left(\frac{1}{9}\right)^{n-1} c_1 = \frac{4}{3} \times \left(\frac{1}{9}\right)^{n-1}$，$n \geqslant 2$，

∴ $c_n \leqslant \frac{4}{3} \times \left(\frac{1}{9}\right)^{n-1}$，$n \geqslant 1$，

∴ $T_n = c_1 + c_2 + \cdots + c_n = \frac{4}{3}\left[1 + \frac{1}{9} + \left(\frac{1}{9}\right)^2 + \cdots + \left(\frac{1}{9}\right)^{n-1}\right]$

$= \frac{4}{3} \times \frac{1 - \left(\frac{1}{9}\right)^n}{1 - \frac{1}{9}} < \frac{4}{3} \times \frac{9}{8} = \frac{3}{2}$.

方法 5：先临时树立目标：$c_n < \frac{1}{3^{n-1}}$，然后可以求和。

方法 6：先临时树立目标：$\frac{5}{4^{2n} - 1} + \frac{5}{4^{2n-1} + 1} < \frac{5}{4^{2n}} + \frac{5}{4^{2n-1}}$，然后可以求出和，……

总结：放大成一个求和的数列，其和恰好为 $\frac{3}{2}$，或者是一个比 $\frac{3}{2}$ 更小的数。据研究，如果放大为 $\left(\frac{25}{16^n}, \frac{40}{16^n}\right)$ 之间的任意一个数，均可成功求解。

五、教学建议

（1）对中差生应鼓励做出第一小题，有时间还可以尝试做第二、三小题的结论，得到 4 分左右就是胜利，绝不应该开天窗。对优生则要进行数学思想方法与解题一般理论的必要训练。

比如，如何提高学生的探究能力与解题能力？从特殊到一般，归纳概括，树立临时目标等。不能直接求和的数列怎么转化？

每年的考试题都会推陈出新，只要学生有研究数学问题的一般思路，就会以不变应万变。

以下是匈牙利数学家拉卡托斯（Lakatos）得出的数学发展模式，其实也适用于个人数学发展的模式。

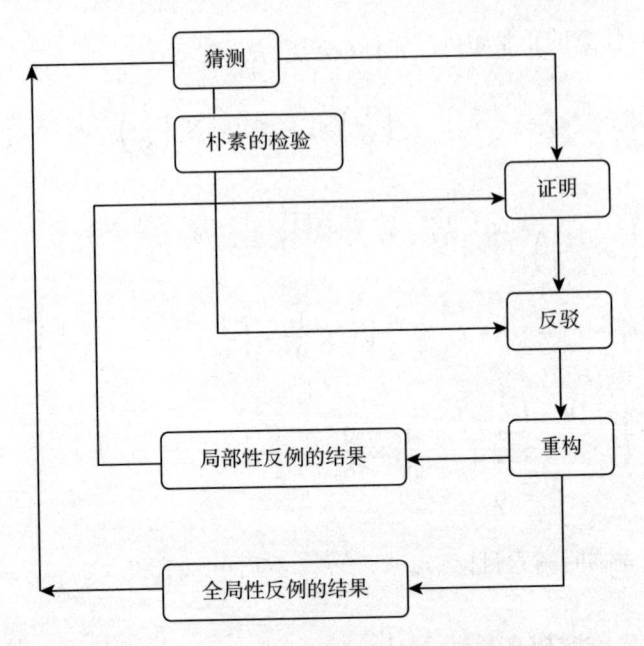

图 4-1 拉卡托斯得出的数学发展模式

（2）要进行教学反思，重视知识的生成过程，切忌贪多图快。比如，刚才的 $\frac{1}{9}$，这个数从何而来？

（3）讲清定义与基本原理。利用数学归纳法证明 $f(n) < g(n)$，必须要满足 $f(n+1) - f(n) < g(n+1) - g(n)$ 这个条件。此题 $T(n) < \frac{3}{2}$ 利用数学归纳法证明是不行的，必须调整成 $T(n) < \frac{3}{2} + h(n)$ 这种类型的不等式才可以。有兴趣的老师可以研究一下 $h(n)$ 应怎么设置。

第二节　某年高考四川卷文理科21题评析

一、试题再现

【试题1】（理科21题，本小题满分12分）椭圆有两顶点 $A(-1,0)$，$B(1,0)$，如图4-2，过其焦点 $F(0,1)$ 的直线 l 与椭圆交于 C，D 两点，并与 x 轴交于点 P，直线 AC 与直线 BD 交于点 Q。

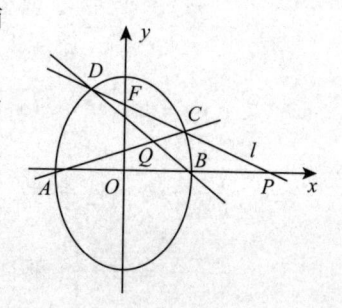

（Ⅰ）当 $|CD| = \dfrac{3}{2}\sqrt{2}$ 时，求直线 l 的方程；

（Ⅱ）当点 P 异于 A、B 两点时，求证：$\overrightarrow{OP} \cdot \overrightarrow{OQ}$ 为定值。

图 4-2

解析：（Ⅰ）由已知可得椭圆方程为 $\dfrac{y^2}{2} + x^2 = 1$，设 l 的方程为 $y - 1 = k(x - 0)$，k 为 l 的斜率，设 $C(x_1, y_1)$，$D(x_2, y_2)$，

则 $\begin{cases} y = kx+1 \\ \dfrac{y^2}{2} + x^2 = 1 \end{cases} \Rightarrow (2+k^2)x^2 + 2kx - 1 = 0 \Rightarrow \begin{cases} x_1 + x_2 = -\dfrac{2k}{2+k^2} \\ x_1 x_2 = \dfrac{-1}{2+k^2} \end{cases}$，$\begin{cases} y_1 + y_2 = \dfrac{4}{2+k^2} \\ y_1 y_2 = \dfrac{-2k^2+2}{2+k^2} \end{cases}$

$(x_1 - x_2)^2 + (y_1 - y_2)^2 = \dfrac{8k^2 + 8}{(2+k^2)^2} + \dfrac{8k^4 + 8k^2}{(2+k^2)^2} = \dfrac{9}{2} \Rightarrow k^2 = 2 \Rightarrow k = \pm\sqrt{2}$，

∴ l 的方程为 $y = \pm\sqrt{2}x + 1$。

（Ⅱ）直线 l 与 x 轴垂直时与题意不符。

设直线 l 的方程为 $y = kx + 1$（$k \neq 0$ 且 $k \neq \pm 1$），

所以 P 点坐标为 $\left(-\dfrac{1}{k}, 0 \right)$。

设 $C(x_1, y_1)$，$D(x_2, y_2)$，由（Ⅰ）知 $x_1 + x_2 = -\dfrac{2k}{k^2+2}$，$x_1 x_2 = -\dfrac{1}{k^2+2}$，

直线 AC 的方程为 $y = \dfrac{y_1}{x_1+1}(x+1)$，直线 BD 的方程为 $y = \dfrac{y_2}{x_2-1}(x-1)$，

将两直线方程联立，消去 y 得，$\dfrac{x+1}{x-1} = \dfrac{y_2(x_1+1)}{y_1(x_2-1)}$。

因为 $-1 < x_1, x_2 < 1$，所以 $\dfrac{x+1}{x-1}$ 与 $\dfrac{y_2}{y_1}$ 异号。

$$\left(\dfrac{x+1}{x-1}\right)^2 = \dfrac{y_2^2(x_1+1)^2}{y_1^2(x_2-1)^2} = \dfrac{2-2x_2^2}{2-2x_1^2} \cdot \dfrac{(x_1+1)^2}{(x_2-1)^2} = \dfrac{(1+x_1)(1+x_2)}{(1-x_1)(1-x_2)}$$

$$= \dfrac{1 + \dfrac{-2k}{k^2+2} + \dfrac{-1}{k^2+2}}{1 - \dfrac{-2k}{k^2+2} + \dfrac{-1}{k^2+2}} = \left(\dfrac{k-1}{k+1}\right)^2.$$

又 $y_1 y_2 = k^2 x_1 x_2 + k(x_1+x_2) + 1 = \dfrac{2(1-k)(1+k)}{k^2+2} = \dfrac{-2(1+k)^2}{k^2+2} \cdot \dfrac{k-1}{k+1}$，

$\therefore \dfrac{k-1}{k+1}$ 与 $y_1 y_2$ 异号，$\dfrac{x+1}{x-1}$ 与 $\dfrac{k-1}{k+1}$ 同号，

$\therefore \dfrac{x+1}{x-1} = \dfrac{k-1}{k+1}$，解得 $x = -k$.

因此 Q 点坐标为 $(-k, y_0)$，$\overrightarrow{OP} \cdot \overrightarrow{OQ} = \left(-\dfrac{1}{k}, 0\right) \cdot (-k, y_0) = 1$，

故 $\overrightarrow{OP} \cdot \overrightarrow{OQ}$ 为定值 1.

【试题 2】（文科 21 题，本小题 12 分）过点 C $(0,1)$ 的椭圆 $\dfrac{x^2}{a^2} + \dfrac{y^2}{b^2} = 1(a>b>0)$ 的离心率为 $\dfrac{\sqrt{3}}{2}$，椭圆与 x 轴交于两点 $A(a,0)$，$A(-a,0)$，过点 C 的直线 l 与椭圆交于另一点 D，并与 x 轴交于点 P，直线 AC 与直线 BD 交于点 Q，如图 4-3。

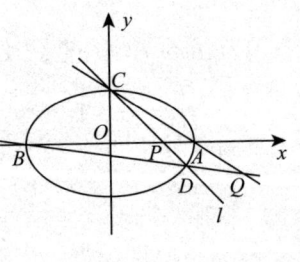

图 4-3

（Ⅰ）当直线 l 过椭圆右焦点时，求线段 CD 的长；

（Ⅱ）当点 P 异于点 B 时，求证：$\overrightarrow{OP} \cdot \overrightarrow{OQ}$ 为定值。

本小题主要考查直线、椭圆的标准方程及基本性质等基本知识，考查平面解析几何的思想方法及推理运算能力。

解析：（Ⅰ）由已知得 $b=1$，$\dfrac{c}{a} = \dfrac{\sqrt{3}}{2}$，解得 $a=2$，所以椭圆方程为 $\dfrac{x^2}{4} +$

$y^2 = 1$.

椭圆的右焦点为 $(\sqrt{3}, 0)$，此时直线 l 的方程为 $y = -\frac{\sqrt{3}}{3}x + 1$，

代入椭圆方程得 $7x^2 - 8\sqrt{3}x = 0$，解得 $x_1 = 0$，$x_2 = \frac{8\sqrt{3}}{7}$，

代入直线 l 的方程得 $y_1 = 1$，$y_2 = -\frac{1}{7}$，所以 $D\left(\frac{8\sqrt{3}}{7}, -\frac{1}{7}\right)$，

故 $|CD| = \sqrt{\left(\frac{8\sqrt{3}}{7} - 0\right)^2 + \left(-\frac{1}{7} - 1\right)^2} = \frac{16}{7}$。

（Ⅱ）当直线 l 与 x 轴垂直时与题意不符。

设直线 l 的方程为 $y = kx + 1\left(k \neq 0 \text{ 且 } k \neq \frac{1}{2}\right)$，

代入椭圆方程得 $(4k^2 + 1)x^2 + 8kx = 0$，

解得 $x_1 = 0$，$x_2 = \frac{-8k}{4k^2 + 1}$，代入直线 l 的方程得 $y_1 = 1$，$y_2 = \frac{1 - 4k^2}{4k^2 + 1}$，

所以 D 点的坐标为 $\left(\frac{-8k}{4k^2 + 1}, \frac{1 - 4k^2}{4k^2 + 1}\right)$.

又直线 AC 的方程为 $\frac{x}{2} + y = 1$，

直线 BD 的方程为 $y = \frac{1 + 2k}{2 - 4k}(x + 2)$，联立得 $\begin{cases} x = -4k, \\ y = 2k + 1. \end{cases}$

因此 $Q(-4k, 2k + 1)$，又 $P\left(-\frac{1}{k}, 0\right)$，

所以 $\overrightarrow{OP} \cdot \overrightarrow{OQ} = \left(-\frac{1}{k}, 0\right)(-4k, 2k + 1) = 4$.

故 $\overrightarrow{OP} \cdot \overrightarrow{OQ}$ 为定值。

二、试题评价

（1）试题设计时充分考虑文理科学生水平差异，以姊妹题形式呈现。

（2）文理科第一小题入手均较为简单，第二小题有一定的难度，区分度较强。

（3）理科试题在四川省自主命题以来首次将圆锥曲线的焦点放于纵轴上，有利于中学全面进行学科教学活动。

（4）文科试题的解答在第二小题中没有使用韦达定理，这与即将实行的新

课程有共同之处。解析几何中大量的问题都不能使用韦达定理。

（5）文理科试题设计在运动变化中寻求不变量，这是几何的一种本质。另外，本题牵涉到高等几何中圆锥曲线的极点、极线的相关知识，有一定的高数背景。

综上，本题设计精妙，命制科学，是一道优秀的试题。

三、典型错误

1. 理科

第一小题：

（1）把椭圆与直线 l 的方程弄错。

（2）求出椭圆方程中 a、b 的值后不将其代入就含参消元。

（3）运算能力差，比如，联立方程消元错误，弦长公式代入后化简出错等。

（4）使用公式错误，比如，韦达定理用错，y 轴上的焦半径公式误用 $a \pm ex_0$，消 x 后的弦长公式误用 $\sqrt{1+k^2}|y_1-y_2|$，焦点在 y 轴上时极坐标下的焦点弦长公式错用等。

（5）不表述最后的结论即两条直线的方程，或盲目的根据试题所给的图形舍去一个答案 $k=\sqrt{2}$.

第二小题：

（1）一点不做，实际上写出 P 点坐标、AC 的方程、BD 的方程即可得到 3 分。

（2）思路不畅，算出 AC，BD 的交点坐标后不能化简到它只与 k 有关。

2. 文科

第一小题：

（1）将直线 l 的方程算错。

（2）没有算出椭圆的方程就含参消元，过程弄得很复杂。

（3）运算能力差，算不出来。

第二小题：

（1）思维不严谨，没有讨论斜率不存在的情况。

（2）一点不做，其实求出 P 点坐标就可以得到 1 分。

（3）思路不畅，联立方程后不知道下一步要做什么。要么设而不求（多数使用韦达定理），要么设而求之，即解出方程来，很多考生思维很僵化。

（4）不猜想探究答案，实际上 P 不能与 B 重合，但可以与 A 重合，此时 $\overrightarrow{OP} \cdot \overrightarrow{OQ} = \overrightarrow{OA}^2 = 4$，以下不是变成证明题了吗？

四、优秀解法

1. 理科

第一小题：

解法 2：弦长公式使用 $|CD| = \sqrt{1+k^2} \dfrac{\sqrt{\Delta}}{|a|}$ 来求。

解法 3：使用焦点弦长公式 $|CD| = a - ey_1 + a - ey_2 = 2a - e(y_1 + y_2)$。

解法 4：设 y 轴到 l 的角为 α，用极坐标下的圆锥曲线的统一定义可得 $\rho = \dfrac{ep}{1-e\cos\alpha} \Rightarrow |CD| = \dfrac{2ep}{1-e\cos^2\alpha}$。

第二小题：

解法 2：解得 $x_Q = \dfrac{x_2 y_1 + x_1 y_2 - y_1 - y_2}{x_1 y_2 - x_2 y_1 + y_1 + y_2}$ 后，逐步消去 x_1，x_2，y_1，y_2，最后的方向是只与 k 有关。

事实上，从图形的生成关系看来：

l 定 $\to$ C 点、D 点确定 $\to \begin{cases} 直线 AC 确定 \\ 直线 BD 确定 \end{cases} \to Q$ 点确定

所以 Q 点坐标肯定只与 k 有关，第一步先将 y_1，y_2 用 x_1，x_2 表示，化为：

$x_Q = \dfrac{2kx_1x_2 + x_1 + x_2 + k(x_1 - x_2)}{(x_1 - x_2) + k(x_1 + x_2) + 2k}$，

接着，出现了韦达定理无法表达的式子 $x_1 - x_2$。

怎么办？不管它，只将 $x_1 + x_2$，$x_1 x_2$ 的结果代入，做一步再看，最后分子、分母整体也可以约去，只剩 k。

当然也可以这样做：虽然韦达先生没有说 $x_1 - x_2$ 等于多少，我们自己也可以求出：$x_1 - x_2 = \dfrac{\sqrt{\Delta}}{|a|} = \dfrac{2\sqrt{2k^2+2}}{2+k^2}$。

设 $x_1 > x_2$，代入也可以求解。

这个解法与我们平时求解解析几何问题的思路更为接近。

解法 3：先联立 AC，BD 的方程，目标是消去 x_1，x_2，y_1，y_2，y，

方向是只与 k 有关。

第一步，代入法消去 y 得 $\dfrac{x+1}{x-1} = \dfrac{y_2(x_1+1)}{y_1(x_2-1)}$，

接着，右边的分子分母同时乘以 y_2，得 $\dfrac{x+1}{x-1} = \dfrac{y_2^2(x_1+1)}{y_1 y_2(x_2-1)}$，

使用椭圆方程得到 $y_2^2 = 2 - 2x_2^2$（而不是用直线方程），

代入后分解因式约分即得到 $\dfrac{x+1}{x-1} = \dfrac{-2(x_2+1)(x_1+1)}{y_1 + y_2}$，

这里你看到韦达定理怎么用了吗？

所以这种题的关键是看韦达定理怎么代入。

2. 文科第 2 小题

解法 2：因为直线 l 不可能是竖直直线，故可以设为 $x = m(y-1)$，然后求解两次交点坐标，关键是"设而求之"，不用韦达定理，这是求解解析几何问题更多面临的情况。

解法 3、4：先设 BD 的方程为 $y = k(x+2)$ 或者 $x = my - 2$，然后按照以下思路求解：

$$\left.\begin{cases} \begin{cases} 直线 BD \\ 椭圆 \end{cases} \to 交点 D 的坐标 \to 直线 CD 的方程 \to 直线 CD 与 x 轴的交点 P \to 向量 \overrightarrow{OP} \\ \begin{cases} 直线 AC \\ 直线 BD \end{cases} \to 交点 Q \to 向量 \overrightarrow{OQ} \end{cases}\right\} \to \overrightarrow{OP} \cdot \overrightarrow{OQ} = ?$$

五、教学建议

1. 落实分层教学，不要停留在口号上

对于中差生，最后阶段一定要回归课本，搞懂基本的东西，比如，这道题有些学生连椭圆与双曲线都不能区分，椭圆的焦点在横轴与纵轴也不能区分，甚至连直线方程都写错，韦达定理都搞不出来，还到全省各地去搞那么多的信息卷对他们有什么用？当然对于成绩中上的学生，则要重视解题策略的训练，特别是一些通用的解题方法与程序。

近年来，美国著名数学家舍费尔德（A. Shoenfield）对波利亚（Polya）提出的各种探索策略进行分析和研究，提取了一些常用的探索策略，并扩展如下：

舍费尔德问题解决的常用探索策略

1. 分析

① 如果可能的话，画一张图。

② 验证特殊情形；选择特殊值；检查极端情形，探究允许的范围。

③ 对自然数问题考虑使用数学归纳法。

④ 简化问题：考虑对称性；利用"不失一般性的"论断。

2. 探究

① 考虑等价问题。

② 对问题进行微调。

③ 较大的调整问题。

3. 检验

① 你的解法是否通过下面的特殊性检验：你利用了所有的相关数据吗？你符合合理的估计和预测吗？结论禁得住对称性、维度与范围的检测吗？

② 你的解法是否通过了下面一般化的检验：有别的解题途径吗？在特殊情形下它能成立吗？它能简化为已知的结果吗？它能用来产生你所熟悉的结果吗？

如果应用舍费尔德问题解决的常用探索策略来对理科（Ⅱ）问进行检验：

（1）难道看不出来是正的吗？

（2）如图 4-4，用直尺量一下难道不敢猜想答案是 1 吗？

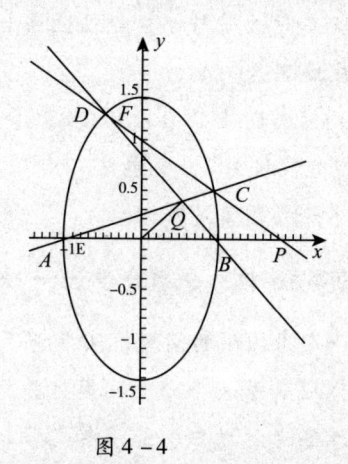

图 4-4

2. 适当开展几何画板参与下的动态几何探究活动

几何画板研究对象的运动变化很有趣，可以给学生深刻的印象，可以探索出几何的一些本质。就好像学生拿了一个望远镜仰望天空，并不一定能发现新东西，这有点类似做数学实验，特别是解析几何。

当然还要在实验发现结论后有能力加以证明。

即将实行的高中数学新课程将大量运用现代信息技术支持课堂教学。

3. 高三总复习还要讲多得分的技巧

陕西师范大学罗增儒教授在《中学数学教学参考》2011年第3、4期发表了《2011届数学高考临场应考20招》，读后让人觉得受益匪浅，这里看两招：

罗教授的第15招：分段得分

一道高考题做不出来，不等于一点想法都没有，不等于所涉及的知识一片空白，尚未成功不等于彻底失败。问题是，如何将片段思路转化为得分点，从而"分段得分"。

（1）考生"分段得分"的依据是高考"分段评分"

在高考中，由于有的人理解得深，有的人理解得浅，有的人解决得多，有的人解决得少，为了区别这些情况，阅卷时总是按照所考查的知识点，分段评分。踩上了知识点就给分，多踩多给。据此考生答题就应该也必然是"分段得分"。由于平时做作业，教师总是要求学生"全做全对"，不实行"分段得分"，所以考生在高考时就不习惯"分段得分"，这就把平时做作业与高考竞争混为一谈了。因此，考生必须从高考性质与评分办法上去理解，转变观念，心理换位。教师在模拟训练时也应提醒这一点。

（2）分段得分的基本内容是防止"分段扣分"，争取"分段得分"

"分段评分"既包括"分段给分"，也包括"分段扣分"。因此，考生应做到"能力所及不丢一分，不会的题拿足够分"。

罗教授的第16招：分解分步——缺步解答

在数学考练中，遇到一个很困难的问题，实在啃不动，一个明智的策略是，将它分解为一系列的步骤，或者是一个个子问题，先解决问题的一部分。把这种情况反映出来，那就是在高考答题中，能演算几步就写几步，能解决到什么程度就表达到什么程度。特别是那些解题层次明显的题和那些已经程序化的方法，每进行一步得分点的演算都可以得到这一步的满分，最后结果虽然没有算出来，但分数却拿了不少。解答题有好几问，只完成一二问就是缺步解答，应用题"设、列"没有"解、答"也是缺步解答。

4. 教给学生网上评卷后的答题方法

首先，告诉学生应该同时克服无所畏惧的心理与恐惧心理；其次，告诉学生要大胆书写，也不一定要思考成熟才写在试卷上；最后，值得学生注意的是一定要把答案写对位置。

数学文化的应用案例：数学建模

第五章

数学建模是中国高中数学的六大核心素养之一，《普通高中数学课程标准（2017年版）》把数学建模的引入列为本次课标修订的标志性成果是新课标、新教材、新高考的新增内容。数学建模对于树立数学的应用意识，培养学生的创新能力，增强学生的STEM跨学科学习能力等具有非常大的作用，本章就来介绍数学建模的一些相关知识[①]。

[①] 基金项目：2019年四川省教育科研资助金课题"高中数学建模能力培养策略的研究——以函数教学任务为例"（文号：川教函〔2019〕514号），这是笔者执笔撰写的课题申报书的部分材料，有改动。课题负责人是德阳市教育科学研究院副院长、正高级教师黄勇，主研人员有王贤华、付阳、江南、尹华明、秦邦政等。

第一节 数学建模的概念

《普通高中数学课程标准（实验）》（2003 年版）明确指出"高中阶段至少应为学生安排一次数学建模活动"，这标志着数学建模正式进入我国高中数学教学活动。目前数学建模有以下不同方面的含义：

一、广义数学建模说

Renewing U. S. Mathematics：*A Plan for the* 1990s 认为：数学被称作模式的科学（science of pattern），其目的是要揭示人们从自然界和数学本身的抽象世界中所观察到的结构和对称性。美国著名数学家斯蒂恩（L. Steen）也说过：数学是模式的科学，数学家们寻求存在于数量、空间、科学、计算机乃至于想象之中的模式。这里"模式"的哲学含义高于"模型"，模式是解决某一类问题的方法论，即把解决某类问题的方法总结归纳到理论高度。故广义的数学模型认为，凡是从原型概括、抽象出来的一切数学概念、数学公式定理、数学理论体系、方程式以及由公式系列所构成的算法系统等都可称之为数学模型。根据这个说法，数学建模可以在每一节课堂上、每一个教学内容中展开，数学建模能力是一种解决数学问题的能力。

二、狭义数学建模说

数学建模就是找出具体问题的数学模型，求模型的解，验证模型解的全过程。这种概念的重点在"建"，就是情境问题中没有现成的模型，需要我们来找到适合的模型，使用不同的模型。数学建模的能力就是面对开放式情境使用数学知识的一种能力。

三、学习方式和综合实践活动说

《普通高中数学课程标准（实验）》（2003 年版）中指出："数学建模是数

学学习的一种新的方式，它为学生提供了自主学习的空间，有助于学生体验数学在解决实际问题中的价值和作用，体验数学与日常生活和其他学科的联系，体验综合运用知识和方法解决实际问题的过程，增强应用意识；有助于激发学生学习数学的兴趣，发展学生的创新意识和实践能力。"《普通高中数学课程标准（2017年版）》认为的数学建模是基于数学思维运用模型解决实际问题的一类综合实践活动，是高中阶段数学课程的重要内容。根据这两个说法，数学建模的能力就是掌握一种全新的学习方式和在解决实际问题中体现的综合实践能力。

四、手段和方法说

母丽华教授认为，数学建模既是一种方法也是一种手段，是解决数学问题的方法，同时也是应用数学相关工具解决现实问题的手段。周春荔教授认为，从方法论的角度看，数学建模是一种思想方法；从教学论的角度看，数学建模是一种数学活动。根据这两个说法，数学建模的能力是数学化思考问题和解决问题的能力。

五、核心素养说

《普通高中数学课程标准（2017年版）》首次提出了数学的六大核心素养：数学抽象、逻辑推理、数学建模、直观想象、数学运算和数据分析。学科基本素养是学生在本学科内所具备的基本专业素质，这些素质是通过长时间的专业训练所形成的专业思维。数学建模的能力是一种需要长期培养才能运用自如的能力。

六、竞赛说

数学建模是一种竞赛。1985年美国数学及其应用联合会开始主办美国大学生数学建模竞赛（MCM/ICM），这是世界范围内最具影响力的数学建模竞赛。中国工业与应用数学学会于1992年也开始举办全国大学生数学建模竞赛。上海市举办的中学生数学知识应用竞赛，北京市举办的高中数学知识应用竞赛，中国工业与应用数学学会从2016年起开始举办"登峰杯"全国中学生数学建模竞赛，这三项赛事是国内中学生可以参加的数学建模赛事。近几年的高考试题中，采用数学建模方法求解的应用问题也明显增多。所以，数学建模能力就是如何在数学建模竞赛和考试中取胜的能力。

七、艺术说

黄忠裕编著的《初等数学建模》中提到：可以将数学建模看作成一门艺术。在某种意义下，艺术是无法归纳出准则或者方法的。一名出色的艺术家需要大量的观摩和前辈的指导，更需要亲身去实践。同样的，掌握数学建模这门艺术，一是大量阅读，思考别人做过的模型；二是亲自动手，认真进行数学建模实践。其中，后者更为重要，同时，还要具有开放的思维方式。姜启源、谢金星、叶俊编著的《数学模型》是我国第一本关于数学建模的教材。该书认为，如果想用建模方法解决实际问题，首先要用数学语言表述问题，即构造模型，其次才是用数学工具求解构成的模型，绝大多数数学课程如微积分、线性代数、概率论、计算方法都是讲授某一专门知识和培养数学运算、逻辑推理能力的，这些数学技巧主要用来求解数学模型、用数学语言表述问题（包括模型假设、模型构造等），除了要有广博的知识（包括数学知识和各种实际知识）和足够的经验之外，特别需要丰富的想象力和敏锐的洞察力。根据这两个说法，要想拥有数学建模能力，还需要培养丰富的想象力和敏锐的洞察力，最后才能达到"艺术化"解决建模问题的境界，这应该是数学建模能力培养的最高级阶段。

第二节　高中函数教学任务中的数学建模

从整个高中数学来看，数学模型有哪些呢？《普通高中数学课程标准（2017年版）》中给出了线性模型、二次曲线模型、指数函数模型、三角函数模型、参变数模型、回归模型、存款贷款模型、投入产出模型、经济增长模型、凯恩斯模型、生产函数模型、等级评价模型、人口增长模型、信度评价模型。其实高中数学的模型远不止这些：华中师范大学徐彤、天津师范大学陈云妮、华东师范大学徐洁东、山东师范大学王连国、云南师范大学李佳敏等分别对几何概型、线性规划模型、排列组合模型、概率模型、数列模型等进行了研究。一般选择函数的模型作为研究的突破点，待条件成熟之后继续深入研究立体几何、解析几何、概率与统计、不等式等模型。

为什么函数模型是高一数学建模能力培养的重难点？华中师范大学许二龙认为[①]：一方面，对于刚刚进入高一的学生来说，无论在学习上还是思想上都是一个新的挑战。在数学学习方面，学生既要学习新的数学知识，又要复习和扩充初中所学的数学知识，没有多余的时间去关注与教材内容不太相关的东西。另一方面，教材中没有较好的数学建模教学的素材，尽管在必修一中安排了函数的模型与应用，但这只是简单的数学应用，不是真正的数学建模。此外，一些教师认为数学主要是培养学生的推理计算能力和逻辑思维能力，而忽视分析、解决实际问题的能力。不难发现，数学建模是数学应用题的原始呈现，数学应用题是简化情境之后的数学建模。教师在教学的过程中往往错误地以数学应用题取代数学建模。我们在研究中应该避免将数学建模简单等同于数学应用题。

高中函数模型的教学顺序大致是这样的：二次函数→分段函数→指数函数→对数函数→幂函数→三角函数→数列。二次函数主要解决面积、产量、利润问题或者生活中的最优问题；分段函数主要解决出租车收费、电信收费、税

[①] 许二龙.高中生数学建模能力水平研究[D].湖北：华中师范大学，2013.

收入库等问题；指数函数主要解决与增长率或者银行利率有关的问题；对数函数主要解决放射性物质的衰变、声音的分贝、大气压和计算年代等问题；借助导数，幂函数可解决极值和最大值问题；三角函数主要解决一些几何设计和有关周期性的问题；数列主要解决自变量是离散的正整数的函数的问题。这些函数的建模过程应该注意什么问题，有哪些教学策略，有什么新颖的应用场景，这些都是我们研究的方向。

函数教学与数学建模有什么联系？吕春虎和王尚志指出，高中函数教学主要思路：首先，把函数作为一条主线，贯穿于整个教学过程中；其次，突出函数教学的背景，从特殊到一般，引入函数内容；最后，教给学生具体的函数模型，并将函数模型进行应用，加深学生对函数的印象，有助于学生对概念的理解。由此可见，函数教学中数学建模的教学不是可有可无的，而是促进学生对函数理解的重要步骤。重庆师范大学尹婷婷认为[1]高中数学建模与函数应用在内容上的联系：①函数应用内容是数学建模的重要组成部分，函数应用问题为数学建模活动的开展提供了问题来源；②活动形式上的一致性，函数应用和数学建模在内容的学习都以"发现—探究"式为主；③函数应用和数学建模都与现实世界紧密联系；④数学建模更加注重准确性与逻辑的严谨性，而函数应用题注重学生思维的培养。在我们的研究中，要特别注意利用函数应用题与数学建模的联系，完善教师的教学策略。

虽然解答应用题与数学建模都是为了培养学生解决实际问题的能力，但是两者却有着层次上的区别，海北州职业技术学校马世良认为两者之间存在着质的差异[2]：①数学应用题是对实际问题的提炼，问题是明确的，而数学建模问题直接来自实际，条件往往是不充分的；②在建模过程中，为了使问题明确，需要作必要的假设，而解答应用题一般不需作假设；③数学建模的讨论与验证比应用题中的检验要复杂得多，不仅要验证解是否符合题意，而且要考察是否与假设矛盾，是否与实际情况吻合等。可见数学建模与函数应用题有很多联系，但也有很多区别。是不是只有这些联系与区别？不是的，比如，数学建模的答案开放且结果不唯一，而应用题的答案基本上是唯一的。这两者在教学上应该分别采取哪些教学策略，这是我们应该研究的方向。

---

[1] 尹婷婷. 基于数学建模的高中函数教学设计研究 [D]. 重庆：重庆师范大学, 2017.
[2] 马世良. 例谈数学建模与应用题解答的差异 [J]. 青海教育, 2012 (7)：67.

第三节 从数学建模到数学建模能力

数学建模被列为《高中数学课程标准（2017年版）》的六大核心素养之一之后，相关研究呈现爆发式的增长。特别是硕士学位论文数逐年递增，在2018年达到顶峰19篇。（数据来源：全国图书馆参考咨询联盟，如图5-1）

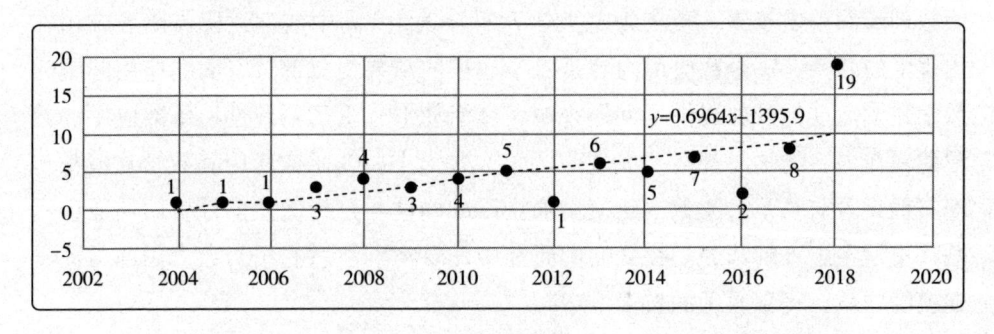

图5-1 近16年数学建模相关的硕士学位论文增长趋势

这些研究主要解决了与本研究相关的以下问题：

一、当前学生的数学建模教学现状

相关研究者在河南、江苏、广东、广西、山东、山西、湖南、上海、北京、湖北等地开展访谈调研，发现：普通高中生数学建模能力水平普遍较低，数学建模意识比较薄弱；学生对数学建模的了解渠道单一，主要靠教师或他人告知，甚至相当多的学生从未听说过数学建模；高中学生对数学建模情感不深，重视程度偏低，有相当一部分学生从未参与过与数学建模有关的任何活动；高中学生在解决问题时很少用数学建模思想方法或建立模型解决问题；大部分学生认为学习数学建模有作用，数学建模对创造力、解决数学问题、培养发散思维等方面都有影响，而对数学学习影响不大。华东师范大学吴祺认为，高中生数学建模还是停留在演示问题情境、分析定量关系、能够抽出简单模型或给出模型框架的初步阶段。目前没有人做过四川省范围内的数学建模教学现状的调查统计和研究，我们将进行访谈研究和调查研究来填补这一个空白。

二、数学建模的学习对学生发展的促进作用

首都师范大学陈金邓认为数学建模有7条作用[1]：①获得专业知识技能和自主学习能力的提高；②团队合作交流和社会交往能力的提高；③数学应用意识和能力的提高；④实践、创新和探究能力的提高；⑤社会责任感的提高；⑥锲而不舍的钻研精神和求真求实的科学态度的提高；⑦获得乐趣和成功的体验。天津师范大学班春虹认为数学建模是培养创造能力的有效途径[2]。广州大学代巧芝认为数学建模教学有利于培养高中学生的创造性思维能力[3]。重庆师范大学牛坤认为高中数学建模可以培养学生的数学表达能力[4]。杭州师范大学陈晓波认为数学建模社团活动对学生数学应用能力有下列促进作用[5]：通过数学建模社团教学活动可以提高学生发现问题、解决问题的能力，强化学生的团队合作意识，提升对数学学科作为自然学科的理解；数学建模社团活动弥补了常规教学活动中只重思维训练、运算训练、逻辑训练而缺乏理论联系实际的教学土壤，两者相辅相成更能够培养学生敏锐的数学观察能力，使学生能洞悉生活中的数学，增强学生主观上的数学应用能力。可见通过数学建模教学能培养学生多方面的能力。

三、影响学生建模能力的因素

山东师范大学李焱认为高中学生在学习数学应用题时存在的主要障碍有[6]情感障碍、数学阅读理解障碍、数学模型构建障碍、计算操作障碍和结果转译障碍。这些因素包含心理因素、认知能力等重要的非智力因素，说明数学建模和其他知识与技能的掌握是一样的，这要求我们在研究时不能只把关注点放在数学建模本身。

---

[1] 陈金邓. 高中数学建模对学生发展促进作用的调查研究［D］. 北京：首都师范大学，2013.

[2] 班春虹. 数学建模培养高中生创造性思维能力的理论及实验研究［D］. 天津：天津师范大学，2001.

[3] 代巧芝. 数学建模教学培养高中生创造性思维能力的实验研究［D］. 广州：广州大学，2014.

[4] 牛坤. 通过数学建模培养高中学生数学表达能力的策略探究［D］. 重庆：重庆师范大学，2011.

[5] 陈晓波. 高中数学建模社团活动提高学生数学应用能力提升的实践［D］. 杭州：杭州师范大学，2015.

[6] 李焱. 高中生数学应用题学习障碍的研究［D］. 济南：山东师范大学，2011.

四、数学建模能力的构成

四川师范大学刘佳艳对数学建模品格和数学建模能力进行细分[1]，得到数学建模品格是由数学建模情感、数学建模自信心以及数学建模价值观3个维度构成，数学建模能力由阅读理解能力、数学应用意识、分析和逻辑推理能力、创新和发散思维能力、数学化能力以及模型求解能力6个维度构成。PISA是国际经济合作与发展组织策划的对全世界学生学习质量比较的研究项目，PISA2015数学建模特征子能力及其对应的行为指标如表5－1：

表5－1　PISA数学建模特征子能力的行为指标

特征子能力	行为指标
水平数学化	识别出一个现实问题的数学方面以及其中重要的变量
	认出问题或情境中的数学结构（包括规律、关系、类型）
	识别数学建模和简化背后的局限性和假设条件
	使用恰当的变量、符号、图表和标准模型，数学化地表述一个问题
	以不同的方式表述同一个问题，包括根据数学概念组织问题和做出恰当的假设
	理解、解释问题情境中特定的语言与数学化地表述问题中所需要的符号语言以及正式语言之间的关系
	将数学问题转化为数学语言或数学表述
	识别出问题中与已知的问题或数学概念、事实、步骤相符的方面
	使用技术（如电子制表软件、图形计算器上的列表设备）描述情境问题中内在的数学关系
使用数学概念、事实、程序和运用数学推理	为寻找数学解决方案设计和执行策略
	使用数学工具，包括技术工具，来帮助寻找相似的或者精确的解决方案
	找到解决方案后，运用数学事实、公理、算法和结构
	处理数字、图表和统计数据及信息，运用代数表达式和等式，几何表述
	制作数学简图、图表和结构，并从中提取数学推理信息
	在寻找解决方案时，使用不同的表述方法，并注意转换
	应用数学找到问题解决方案，进行一般化推广
	反思数学推论，解释、证明数学结果

---

[1] 刘佳艳. 高三学生数学建模素养的调查研究 [D]. 成都：四川师范大学，2017.

续表

特征子能力	行为指标
解释、运用和评价数学结果	回到现实情境解释数学结果
	在现实情境下评估数学解决方案的合理性
	理解现实世界是如何影响结果和数学步骤或模型的运算，从而根据情境对如何调整或应用结果做出判断
	解释在某问题情境下，一个数学结论为何合理或者不合理
	理解数学概念和数学解决方案的范围和局限性
	评价和鉴定解决问题所使用的模型的局限性

我们将根据这些成果搭建适合于四川省高中学生的子能力构成框架。

五、数学建模能力的水平评价

《高中数学课程标准（2017年版）》从情境与问题、知识与技能、思维与表达、交流与反思4个方面将数学建模素养划分为3个水平，这给我们的研究提供了指导。

德国数学教育标准根据所需要的认知要求的不同，将数学建模能力分为3个不同的能力水平：

水平1：直接将现实情景转化为数学问题，熟练并直接辨别可利用的标准模型，利用数学知识求出模型的解，直接分析说明结果。

水平2：在一定的限制条件下建模，解释说明建模的结果，将数学模型对应适当的现实情景，或者调整模型使其适合现实情景。

水平3：针对复杂情景建立某个模型，在模型中重新定义假设、变量、关系以及限制条件，检验、评价以及比较模型。

这个建模能力水平划分不能清晰精确地反映出学生数学建模水平的变化。华东师范大学徐斌艳和沈丹将数学建模能力水平划分为6个水平[①]：

水平0：不能理解现实问题情景，不能辨识出潜在的数学问题或者不能从数学的角度分析、看待问题。

---

① 徐斌艳，沈丹. 我国学生的数学建模能力水平分析——以6～9年级学生的"缝制足球"实验为例[J]. 中学数学月刊，2014（7）：37-40.

水平1：能够理解现实情景，并尝试将现实问题转译为数学问题，但没有找到与数学相关的线索。

水平2：能够理解现实情景，并找出了与数学相关的若干线索，但没有将现实问题转译为数学问题或者转译的数学问题与现实情景不吻合。

水平3：找到某个数学模型，成功地将现实问题转译为数学问题，尝试解决这个数学问题，但不能给出满意的答案。

水平4：找到与现实问题相吻合的数学模型，利用数学知识将问题解决，但没有返回现实世界检验结果的合理性。

水平5：经历完整的数学建模过程，结合现实情景，检验结果，评价模型。

这个量表使用起来有一定困难。

陕西师范大学叶巧飞给出高中学生数学建模素养的内涵，高中学生数学建模素养的5级划分水平[①]：

水平0：不了解数学建模。

水平1：了解一点数学建模，能在熟悉的情境中模仿学过的方法尝试进行问题解决，但不能解出完整结果。

水平2：能够在熟悉的情境中，选择已有的、较适合的数学模型解决问题，但是不知道得到的结果是否合理。

水平3：可以在关联的情境中，用数学语言表述实际问题以及解决该问题的过程和结果，得到的答案比较完整。

水平4：能在综合情境中，创造性地建立数学模型并应用数学语言清晰、准确地表达数学建模的过程和结果。

这个量表用语浅显易懂，我们的研究将引入这个量表进行学生数学建模能力水平的测量。

最后，笔者将数学建模的能力结构做成一个图形，来作为本节的一个总结，如图5-2。

---

① 叶巧飞. 高中生数学建模素养的调查研究 [D]. 西安：陕西师范大学，2018.

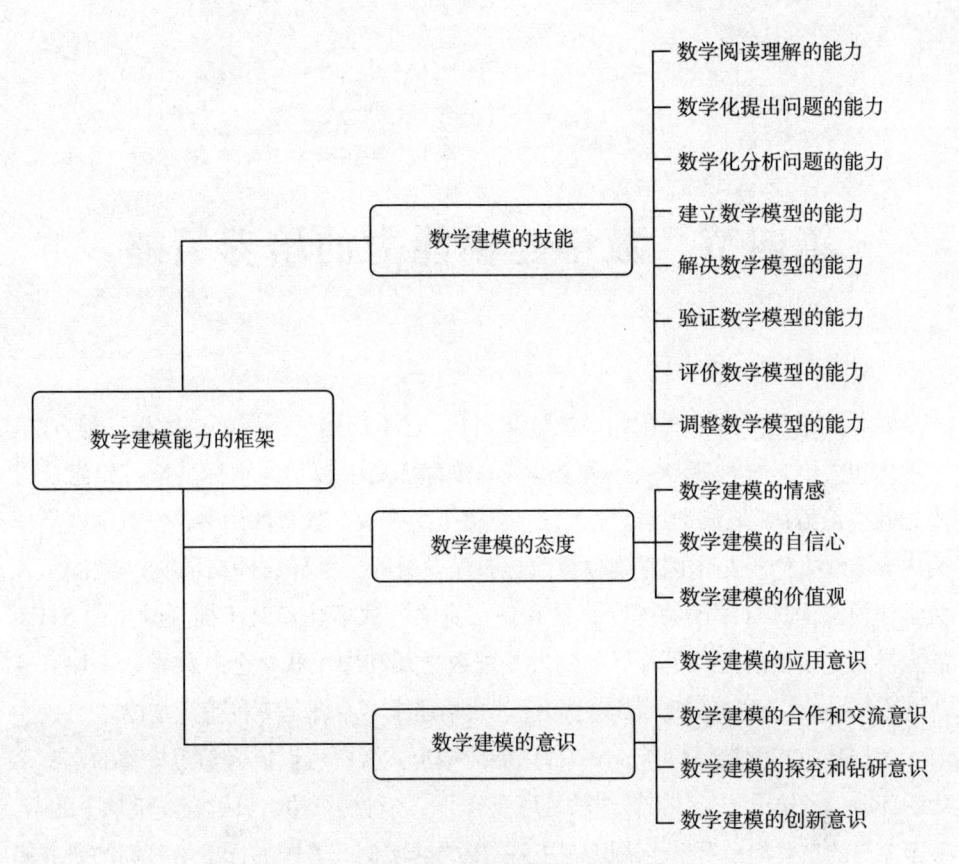

```
                                ┌─ 数学阅读理解的能力
                                ├─ 数学化提出问题的能力
                                ├─ 数学化分析问题的能力
                  ┌─ 数学建模的技能 ─┼─ 建立数学模型的能力
                  │                 ├─ 解决数学模型的能力
                  │                 ├─ 验证数学模型的能力
                  │                 ├─ 评价数学模型的能力
                  │                 └─ 调整数学模型的能力
                  │
数学建模能力的框架 ─┤                 ┌─ 数学建模的情感
                  ├─ 数学建模的态度 ─┼─ 数学建模的自信心
                  │                 └─ 数学建模的价值观
                  │
                  │                 ┌─ 数学建模的应用意识
                  └─ 数学建模的意识 ─┼─ 数学建模的合作和交流意识
                                    ├─ 数学建模的探究和钻研意识
                                    └─ 数学建模的创新意识
```

图 5-2　数学建模能力的框架

第四节 数学建模能力的培养策略

数学建模已经进入我国高中数学课程[①]。它不仅是一门课程,也是一种方法、一种思想,更是一种观念、一种意识[②]。教育部高中数学课程标准修订组组长王尚志教授认为:"把数学建模理念贯穿在整个高中数学教育的始终,把数学建模作为内容主线,……是中国基础教育数学课程发展的一个标志性结果"[③]。我国引入数学建模课程具有深刻的国际背景和现实意义,数学建模对于提升学生的STEM能力甚至是生活能力都是有好处的。美国数学及其应用联合会总裁索尔·加芬克尔(Solomon "Sol" Garfunkel)认为:"数学建模本身即是一种生活技能。"[④]

美国数学教学教师协会(NCTM)标准指出:教室可以成为学习模型的丰富多彩的环境,一块小布、一条针织软毛毯或被子,各种墙纸边,设置在窗玻璃上的画,甚至家具的布置都是学生能认识和描述的模式的实例。美国的标准给我们的研究提供了很好的借鉴,学校里面无声的环境给我们提供了丰富的建模素材,不一定非得是在高科技的情境下才能培养数学建模,教室、学校和家庭都可以成为学习数学模型的丰富多彩的环境,这些将是我们研究数学建模的素材的主要来源地。

华中师范大学许二龙梳理了国内外有关中学数学建模教学的原则、策略及教学模式和数学建模的一般认知模式,并给出了以下建议[⑤]:结合先行教材培养学

[①] 中华人民共和国教育部.普通高中数学课程标准(2017年版2020年修订)[S].北京:人民教育出版社,2020.

[②] 孙锋,吴中林.培育中学生数学核心素养的策略与实践[M].成都:四川科学技术出版社,2020:147.

[③] 美国数学及其应用联合会.数学建模教学与评估指南[M].梁贯成,等,编译.上海:上海大学出版社,2017:中文版序三.

[④] 美国数学及其应用联合会.数学建模教学与评估指南[M].梁贯成,等,编译.上海:上海大学出版社,2017:中文版序一.

[⑤] 许二龙.高中生数学建模能力水平研究[D].武汉:华中师范大学,2013.

生的建模意识；教师提高自身数学素养，挖掘数学建模素材；注重案例教学；开展数学建模选修课程。河南师范大学孟振平总结了在教学过程中教师和学生常用到的7种策略：在教师的讲课过程中感受数学建模的过程和作用；重视练习题中的应用性问题，培养学生发现生活中的数学；在适当的时间点明数学建模；组织数学建模兴趣小组；研读成功的建模案例，听取学术报告；鼓励学生自己建立复杂的数学模型；参加数学知识应用竞赛。重庆师范大学黄思晗从4个角度提出了促进高中学生数学建模素养发展的建议①：教师数学建模素养提升角度、学校数学建模课程开设角度、课堂教学渗透角度和学生体验感悟角度。四川师范大学刘佳艳提出改善高中学生数学建模素养的教学策略②：①注重学生数学建模素养的培养；②加强对教师的培训；③开发教材；④积极开展数学建模活动。西北大学徐圆圆提议在整个高中"分时期"实施建模教学：在日常课堂教学中，提出化整为零地渗透数学建模于教学中；课外数学建模教学的辅助方式，如举办数学建模讲座、开展数学建模竞赛、布置"新型"假期作业等。天水师范学院李栋提出实际教学中有意识渗透建模过程、创设符合高中学生的问题情境、重视教材知识的应用性、构建数学建模交流环境、数学教学中教师角色改变等5个教学策略③。五邑大学罗丹丹则从数学建模准备、简单建模、典型建模和综合建模4个阶段，进行课前、课中和课后的教学策略研究④。

但琦、朱德全、朱宝和认为培养中学生数学建模能力的策略主要是⑤拓展"最近发展区"、强化"问题意识"、建构"思维模式"、调用"监控系统"。郑大鹏老师提出7条教学策略⑥：创设情境，引导学生感悟建模过程；设计问题，促成学生训练建模能力；联系实际，引导学生在生活中学习建模；显化教育，引导学生明确建模操作的具体方法；组织兴趣小组，让学生在社团活动中发展建模能力；研读案例，在学习他人经验的过程中提升能力；自我研究，在数学

---

① 黄思晗. 高中教师与学生对数学建模素养的认知差异研究——以重庆地区为例 [D]. 重庆：重庆师范大学，2018.
② 刘佳艳. 高三学生数学建模素养的调查研究 [D]. 成都：四川师范大学，2017.
③ 李栋. 高中数学建模教学现状调查与策略研究 [D]. 天水：天水师范学院，2018.
④ 罗丹丹. 基于数学建模素养的高中数学教学研究 [D]. 江门：五邑大学，2018.
⑤ 但琦，朱德全，宋宝和. 中学生数学建模能力的影响因素及其培养策略 [J]. 中国教育学刊，2007（4）：61-64.
⑥ 郑大鹏. 数学建模在高中数学课堂的教学策略研究 [J]. 数学教学通讯，2017（12）：45-46.

竞赛中展示建模能力。陈炳泉老师提出3条培养数学建模能力的策略①：第一，学生需要对题目进行认真审题，深入发掘数学问题中的已知条件和未知条件，对题目中显性的和隐性的数量关系进行准确把握，这样才能为数学模型的建立奠定一个良好的基础；第二，要引导学生积极引进数学符号，建立数学模型；第三，学生要进行认真的解模作答，回归生活实际。

上面的这些培养策略已经涵盖了方方面面，我们的研究就是在这些方面充分地加以实践，一方面，需要确认哪些策略对我们的学生最为有效，另一方面，需要在实践中丰富发展这些培养策略，毕竟我们面对的研究对象不同。

高中数学建模的4个常见教学策略：

一、利用广义数学建模概念促进数学建模基础能力的提高

我们把数学建模的能力划分成基础能力和扩展能力。数学建模的基础能力是数学建模的初级能力，数学建模的扩展能力是数学建模的高级能力。

教科书和课程标准是我们从事高中数学建模教学的基本参照对象，它们之中含有丰富的基本的数学模型，学习这些基本模型之后，形成了数学建模的基础能力，也就是达到《普通高中数学课程标准（2017年版）》的数学建模的水平一：能够在熟悉的实际情境中，模仿学过的数学建模过程解决简单的问题。

按照《普通高中数学课程标准（2017年版）》的要求，基础数学模型按照所属知识可分为函数模型［包含线性模型、指（对）数函数模型、三角函数模型、数列模型］、二次曲线模型、参变数模型、回归模型、概率模型、线性规划模型、几何模型等，这些基础模型对学生数学建模能力的发展具有启发性和奠基性的作用，应该充分予以重视。另外，高中数学的很多概念、公式、定义、定理等知识本身也蕴含了若干数学模型，也应该予以重视。

图5-3 数学建模的两部分能力

---

① 陈炳泉. 高中数学核心素养之数学建模能力培养的研究［J］. 当代教研论丛，2018（11）：6+8.

数学建模基础能力的培养可以分为下面4个阶段，如图5-4。

```
1  文字阅读
2  符号转换
3  构造模型
4  解决问题
```

图5-4　数学建模基础能力培养的四个阶段

【案例1】广义的数学建模概念在中学数学教学的运用

函数单调性有一个模型：如果函数 $f(x)$ 在区间 D 上单调递增，且 $f(x_1) < f(x_2)$，那么一定有 $x_1 < x_2$。这个模型被广泛地应用，比如以下的问题：

(2020年高考全国新课标2卷理科11题) 若 $2^x - 2^y < 3^{-x} - 3^{-y}$，则（　　）

A. $\ln(y-x+1) > 0$ B. $\ln(y-x+1) < 0$

C. $\ln|x-y| > 0$ D. $\ln|x-y| < 0$

解：原不等式等价于 $2^x - 3^{-x} < 2^y - 3^{-y}$，构造函数 $f(x) = 2^x - 3^{-x}$，则原不等式即为 $f(x) < f(y)$，易证 $f(x) = 2^x - 3^{-x}$ 在 R 上递增，所以 $x < y \Rightarrow y - x > 0 \Rightarrow \ln(y-x+1) > 0$，故选 A。

【案例2】（2002年全国卷文科18题）甲、乙物体分别从相距70米的两处同时相向运动。甲第1分钟走2米，以后每分钟比前1分钟多走1米，乙每分钟走5米。

（1）甲、乙开始运动后几分钟相遇？

（2）如果甲、乙到达对方起点后立即折返，甲继续每分钟比前1分钟多走1米，乙继续每分钟走5米，那么开始运动几分钟后第二相遇？

这个案例就是数列中的数学建模，解决这样的问题只需要基础能力。

二、从熟悉的场景入手，分层推进数学建模能力的培养

"由近及远，由易到难，由浅入深"是数学建模的一种顺序。

从家庭生活中寻找建模素材：一块小布、一条针织软毛毯或被子，各种墙纸边，设置在窗玻璃上的画，甚至家具的布置都是学生能认识和描述的模式的实例。

从学校生活中寻找建模素材：美国数学教学教师协会（NCTM）标准指出，

教室可以成为学习模型的丰富多彩的环境。同理实验室、运动场也可以成为学习的场所。

从社会生活中寻找建模素材：在学生参与的各个层面的社会生活中也能发现很多素材。

在建模竞赛中寻找建模素材：中学生数学建模竞赛是数学建模能力的集中检阅地，建议四川省为推进数学建模的普及成立相关机构。

三、利用项目推进数学建模能力的培养

日常教学过程中，受教学进度、教学内容、教学形式、教学时间等多重因素限制，数学建模活动不易开展。我们可以利用学校选修活动、暑假论文比赛、数学建模竞赛等机会，集中推进数学建模能力的培养。

北京市、上海市有专门适合中学生参加的数学建模竞赛，建议四川省成立专门机构，促进西部数学建模的教学。

四、突破教师与学生心理障碍，稳步开展数学建模的教学

数学建模并不神秘，但是到教学落地还有很长的路要走，很多教师还是不敢开展数学建模相关的教学活动。

我们可以利用应用题教学为先导，充分挖掘家庭生活、学校生活、社会生活、建模竞赛中的素材，组建数学建模的学习小组，开展数学建模校本选修课程，从看别人数学建模论文到自己撰写数学建模论文，项目式稳托推进数学建模的能力培养，不断让学生在数学建模的学习中获得成功感。具体实施数学建模的过程中，以教师为先导，以小组合作为基本形式，在初始评价的时候不要求数学知识使用的严密，慢慢让学生掌握。最后一定可以达到数学建模教学的成功。

第五节 数学建模能力培养的案例教学

案例教学是数学建模的重要手段，目前做得最成功的是北大附中张思明老师，张思明是国内在中学开展数学建模的第一人。张老师对中学数学建模的评价设计和实施方案是①：

表5-2 中学数学建模的评价

项目	分值	说明	评价标准			
			第一档	第二档	第三档	其他档
1	10	代数建模作业	建模步骤清楚，模型适用，结果基本正确，方法、问题解决、工具使用、误差分析、拓展推广等方面之一有特色（10分）	建模步骤清楚，模型适用，结果有误差，能对误差有些分析（8分）	有些建模步骤，模型大概适用，结果尚能接受（6分）	在前面的档的基础上酌情加减，二次提交改错版，可以提高"增量成绩"的一半
2	10	几何建模作业				
3	10	统计建模作业				
4	10	离散建模作业				
5	10	蒙特卡洛方法				
6	10	拟合与逼近				
7	10	讲解一个往届获奖的建模论文	做PPT，能理解获奖论文的核心内容，能讲清楚建模的问题、步骤、结果、证明或模型解算过程或内容，有自己实事求是的分析和评价，或有改进提升的想法和建议（10分）	做PPT，能理解获奖论文的核心内容，能讲清楚建模的问题、步骤、结果、证明或模型解算过程或内容，有一点自己的分析和评价（8分）	做PPT，能大致理解获奖论文的内容，能有选择的讲出建模的问题、步骤、结果、模型解算的部分过程和一些内容（6分）	在前面的档的基础上酌情加减

---

① 张思明. 张思明与中学数学建模[M]. 北京：北京师范大学出版社，2015.

续表

项目	分值	说明	评价标准			
			第一档	第二档	第三档	其他档
8	10	实际参加当年的建模初赛	凡参加比赛的，向北京市高中数学知识应用竞赛委员会提交解题报告的，加上外校老师根据竞赛委员会给的标准，给出百分制成绩，除以10之后的分数，累加超过10分的记为10分			
9	20	独立开题后开题展示	做PPT，能理解数学建模的核心内容，独立自主完成选题，能讲清题目的意义、可行性、数学用在哪里，技术路线可行，现场表现好，同学基本认可（17—20分）	做PPT，能理解数学建模的主要步骤，基本自主完成选题，能讲清数学用在哪里、解决什么问题，技术路线可行，现场表现好，同学基本认可（13—16分）	做PPT，能知道数学建模的一些步骤，基本自主完成选题，能讲清数学用在哪里、解决什么问题，可行性有些问题，还需改进。（10—12分）	任务完成的环节少，不到位，开题报告不合要求。（10分以下）其他情况（如文献工作），酌情加减

新教材必修教科书的数学建模任务有3节：

必修1（1课时）：决定苹果的最佳出售时间点。

必修2（1课时）：生长规律的描述。

必修3（1课时）：周期现象的描述——潮汐问题。

自选课题可以很多，比如，北京市西城区设置了茶水的最佳饮用时间的数学建模（何时饮茶有最佳口感）、非线性回归方程等栏目。北大附中张思明老师设置了如下问题供学生选择：

1. 粮食堆的测量问题

2. 一盘60分钟的普通录音磁带有多长

3. 你们知道哪些电视塔的高度？谁测量过？为什么要建那样的高度

4. 十字路口红、黄、绿信号灯的时间间隔问题

5. 根据电影院内屏幕的位置和大小尺寸，得出场内最佳的观看区域和位置

6. 小区保安的巡逻路线问题

7. 房屋贷款模型中的等额本息、等额本金的贷款总额比较问题

8. 驾驶车辆与视野的宽度问题

笔者建议结合学生身边的事例设置一些论文题目，比如，卷筒卫生纸的长度测算问题研究、城市大型购物超市分布问题、教室空调最优安装问题、学生现用课桌椅分析及优化设计方案等建模问题，吸引学生参与，培养学生的建模核心素养。

第六节　数学建模小论文写作示例

新都一中作为数学建模研究的主研单位，在指导学生数学建模小论文方面也有很多的成绩。若干教师与学生在数学建模小论文的写作中得到了充分的锻炼，学生在教室风扇的安装位置、学生书桌的书籍摆放位置、疫情期间排队等待时间、成都市大型超市分布的研究、新都一中学生排队就餐时间优化、一个卷筒卫生纸长度测量估计等常规数学建模方面取得了一些成就。以下展示谭莉老师指导学生的一个案例。

小微企业的宣传最佳方案问题[①]

我们研究的课题是宣传最佳方案，探究小微企业如何进行最有效的宣传。我们考虑了人群、措施、费用、成效等种种因素，利用了数列、函数、不等式等数学知识，最终解决了这个问题，为小微企业量身打造了一套宣传方案。这不仅使我们对数学的兴趣加深，也让我们体会到了数学无处不在的道理。对于像函数这样的数学知识，我们也理解得更加透彻。能够将所学运用在生活之中，不仅是一次锻炼机会，更是一次感受数学之美的旅行。

1. 初步了解宣传

简单来说，宣传就是利用各种宣传手段，使人们相信某种观点，并跟着行动。宣传手段通常分为物质手段和意识手段，物质手段指借助某种载体表达的手段，意识手段指表达思想的意识形式，通常有新闻、照片、音乐、理论文章等宣传方式。

[①] 该文由四川省成都市新都一中严臻、钟一涵撰写，指导教师是谭莉，有改动。

2. 小微企业说明

表 5-3 小微企业标准

微型企业	依据《统计上大中小微企业划分办法（2017）》，在大多数行业，从业人数一般不超过 20 人，营业收入一般不超过 200 万元。
小型企业	依据《统计上大中小微企业划分办法（2017）》，在大多数行业，从业人数一般为 20—300 人，营业收入一般为 200—3000 万元。

3. 小微企业如何宣传

根据收入，小微企业可供采用的手段为发传单、发赠品、优惠活动、立广告牌。宣传技巧：发传单可以选择人流量大的地方，比如，学校、广场、商场等。赠品可根据不同年龄段设立，如学生喜欢文具、玩偶、小装饰品，成年人则更偏向于优惠券。广告牌也要立在人流量大的地方。

4. 提出问题

某一小型或微型企业准备做一次宣传，若是小型企业，预算在 [20, 25] 万元；若是微型企业，预算在 [10, 15] 万元。采用发传单、发赠品、优惠活动、立广告牌 4 个项目进行宣传，求该企业的最佳宣传方案。

5. 模型假设

（1）设立一个变量，宣传值 Q，每个人都有每个人的 Q，而 $Q_\text{总}$ 就是 Q 的总和。设投入为 A，$A_\text{总}$ 为总投入。我们用 $Q_\text{总}/A_\text{总}$ 来衡量该宣传的成效，设为 E。

（2）假设发传单招工 x 人，活动进行 1 天。根据市场调查，每人每天工作 8 小时，每小时约 15 元。假设在人流量大的地方每小时能发 300 张传单，接过传单的人仅有 20% 的人会认真看传单，认真看后可以增加 100 的宣传值，认真看的人中又有 20% 的人会和其他人分享，其他人中又有 20% 的人会再和其他人分享，依此类推，被分享的人会增加 50 点宣传值。每 1000 张传单花费 200 元。

（3）赠品分为优惠券和礼品，每个礼品或优惠券 10 元，这方面的一半资金用于礼品，另一半用于优惠券（忽略印刷优惠券的费用），设礼品和优惠券的总数量为 y。拿了优惠券的人有 60% 会来使用（使用后才能算入企业投入）。拿了优惠券未使用的人增加 100 宣传值，使用后再增加 200（理由是既增加好感度，又带来生意），收到礼品的人增加 200 的宣传值。

（4）优惠活动是打 8 折。另外三个项目的宣传值每增加 150，到店人数就多一人，假设该企业为小型企业时原本到店人数为 300 人，人均消费 200 元；

该企业为微型企业时原本到店人数为150人，人均消费为100元。享受活动的人增加300的宣传值。

（5）立广告牌，一个广告牌约200元，人流量为4万人每天，仅40%的人会看，其中50%的人会受影响，受到影响的人增加50的宣传值。设立广告牌数为z，只允许立3天，且不允许立5个以上。假设每天的人中都有3万人重复。

6. 建立模型

由于项目三受其他三个影响，先分析其他三个项目，再分析项目三。

项目一：发传单

第一影响人数（发传单直接影响）$a_1 = x \times 8 \times 300 \times 0.2 = 480x$，

第二影响人数（分享影响，下同）$a_2 = a_1 \times 0.2$，

第三影响人数 $a_3 = a_1 \times 0.2^2$，

....

第n影响人数 $a_n = a_1 \times 0.2^{n-1}$（当$a_n$不是整数时，四舍五入取整），

易知数列$\{a_n\}$是以$480x$为首项，0.2为公比的等比数列，

$$S_n = \frac{480x(1-0.2^n)}{1-0.2},$$

为了确定n的值，列出不等式$a_n \geq 1$，$a_{n+1} < 1$，

代入数据化简得 $5^{n-1} \leq 480x < 5^n$，

可计算得 $A_1 = 300 \times 8x \times 0.2 + 8 \times 15x = 600x$，

$$Q_1 = \frac{480x(1-0.2^n)}{1-0.2} \times 50 + 480x \times 50 = 30\,000(1-0.2^n)x + 24\,000x.$$

项目二：发赠品

根据数据可计算：$A_2 = 10 \times 0.5y + 10 \times 0.5y \times 0.6 = 8y$，

$$Q_2 = 0.5y \times 200 + 0.5y \times 0.4 \times 100 + 0.5y \times 0.6 \times 300$$
$$= 210y.$$

项目四：广告牌

根据数据可计算：$A_4 = 200z$，

$$Q_4 = z \times (3 \times 10\,000 + 30\,000) \times 0.4 \times 0.5 \times 50$$
$$= 600\,000z.$$

项目三：优惠活动

分小型企业和微型企业两种，

小型企业：到店人数$b_{小} = 300 + [(Q_1 + Q_2 + Q_4)/150]$，

$$A_3 = b_{小} \times 200 \times 0.2,$$
$$Q_3 = 300b_{小}.$$

微型企业：到店人数 $b_{微} = 150 + [(Q_1 + Q_2 + Q_4)/150]$，
$$A_3 = b_{微} \times 100 \times 0.2,$$
$$Q_3 = 300b_{微}.$$

7. 模型计算

因为 $A_{总} = A_1 + A_2 + A_3 + A_4$，

经化简：

小型企业的 $A_{总} = [15\ 000 - (8\ 000/5^n)]x + 64y + 160\ 200z + 12\ 000$，

微型企业的 $A_{总} = [7\ 800 - (4\ 000/5^n)]x + 36y + 80\ 200z + 3\ 000$.

$Q_{总} = Q_1 + Q_2 + Q_3 + Q_4$，

经化简：

小型企业的 $Q_{总} = [162\ 000 - (90\ 000/5^n)]x + 630y + 1\ 800\ 000z + 90\ 000$，

微型企业的 $Q_{总} = [162\ 000 - (90\ 000/5^n)]x + 630y + 1\ 800\ 000z + 45\ 000$.

所以 $E_{小} = \dfrac{[162\ 000 - (90\ 000/5^n)]x + 630y + 1\ 800\ 000z + 90\ 000}{[15\ 000 - (8\ 000/5^n)]x + 64y + 160\ 200z + 12\ 000}$，

$E_{微} = \dfrac{[162\ 000 - (90\ 000/5^n)]x + 630y + 1\ 800\ 000z + 45\ 000}{[7\ 800 - (4\ 000/5^n)]x + 36y + 80\ 200z + 3\ 000}$，

且 $5^{n-1} \leqslant 480x < 5^n$，

进一步分析：当 $x=1$ 时，$n=4$；当 $x=2, 3, \cdots 6$ 时，$n=5$；当 $x=7, 8, 9, \cdots 32$ 时，$n=6$（由于实际条件，不再往下考虑）。

先分析小型企业：问题转化为当 $200\ 000 \leqslant A_{总} \leqslant 250\ 000$ 时，求 E 的最大值。

① 若 $x=1$，则 $A_{总} = 14\ 987.2x + 64y + 160\ 200z + 12\ 000 = 64y + 160\ 200z + 26\ 987.2$，

$E_{小} = \dfrac{161\ 856x + 630y + 1\ 800\ 000z + 90\ 000}{14\ 987.2x + 64y + 160\ 200z + 12\ 000}$，因为 $200\ 000 \leqslant A_{总} \leqslant 250\ 000$，

所以 $z=1$，$200.19 < y < 981.45$（建议使用抽奖派送），

为了达到最大宣传值，$y = 981$，此时 $E = 10.68$.

② 经分析，无论 x 为多少，y 越大宣传值越大，且 y 取最大值时 A 接近于最大值，$z=1$，利用同样的算法，将 x 取不同整数值的 E 值算出（每一列为一种情况）：

$x=1$（$n=4$，由上可知，后同）	$x=2$（$n=5$）	$x=3$（$n=5$）	$x=4$（$n=5$）	$x=5$（$n=5$）
$E=10.68$	$E=10.75$	$E=10.80$	$E=10.85$	$E=10.91$
$y=981$	$y=746$	$y=512$	$y=278$	$y=43$

（$x=6$时，y只能取负值，故不成立，其后也不成立）

以上结果 A（投入）均取最大值，成效越高，宣传值也越大。

经比较，针对小型企业，建议 $x=5$，$y=43$，$z=1$，

即派 5 个人发一天的传单，赠 43 个礼品或优惠券，立一个广告牌，打 8 折优惠活动一天。

再说微型企业：

$$E_{微} = \frac{[162\,000 - (90\,000/5^n)]x + 630y + 1\,800\,000z + 45\,000}{[7\,800 - (4\,000/5^n)]x + 36y + 80\,200z + 3\,000},$$

由于 $100\,000 \leq A_{总} \leq 150\,000$，所以 $z=1$。

那么就可以同上计算。

$x=1$ ($n=4$)	$x=2$ ($n=5$)	$x=3$ ($n=5$)	$x=4$ ($n=5$)	$x=5$ ($n=5$)	$x=5$ ($n=5$)	$x=7$ ($n=6$)	$x=8$ ($n=6$)
$E=20.26$	$E=20.43$	$E=20.60$	$E=20.77$	$E=20.94$	$E=21.11$	$E=21.28$	$E=21.45$
$y=1\,639$	$y=1\,422$	$y=1\,205$	$y=989$	$y=772$	$y=555$	$y=338$	$y=122$

（$x=9$时，y只能取负值，故不成立，其后也不成立）

以上结果 A（投入）均取最大值，成效越高，宣传值也越大。

所以针对微型企业，经比较，建议 $x=8$，$y=122$，$z=1$，

即派 8 个人发一天传单，赠 122 个礼品或优惠券，立一个广告牌，打 8 折优惠活动一天。

8. 模型结论

小型企业派 5 个人发一天的传单，赠 43 个礼品或优惠券，立一个广告牌，打 8 折优惠活动一天，宣传值最大。

微型企业派 8 个人发一天传单，赠 122 个礼品或优惠券，立一个广告牌，打 8 折优惠活动一天，宣传值最大。

9. 模型意义

本问题仅针对小微企业，贴切地各举了一个例子，运用其参数展现了方案

选择的思路。因为实际生活中并不都是这些参数,所以最终结论并不都是本文的最终结论。但是选择比较都可按照如此方法进行。

10. 总结反思

这一次得出的结论让我们很疑惑,为什么微型企业的最佳方案比起小型企业需派发更多传单及礼品,究其原因就是宣传值大大增加了到店顾客,而微型企业人均消费低,折扣后,企业损失得更少,所以就可以加大传单赠品方面的力度。这也就是很多企业不喜欢打折扣,而喜欢发赠品的原因。这也打破了我们所以为的小型企业规模更大,就该多发传单的传统观念。此次建模也证明了凡事不能凭感觉定论,而是要用实践来证明。

这一次的数学建模,我们仍然有很多因素没考虑到,但却已经花了很长时间思考研究,不得不感叹数学的博大精深。

生活中处处充满数学,让我们一起感受这数学之美。

第七节　高考中的数学建模

高考中的数学建模问题,与生活和数学建模竞赛中开放度大的数学建模问题略有区别,略微等同于数学应用题,属于结果不需讨论的建模问题。最近几年的高考题主要考查了数学建模的建模和解模过程,特别是跨学科综合的数学建模问题,以新颖的问题探究情境呈现,带有很强的综合性,有一定的难度,下面举几个例子来说明。

一、题目给出模型后要求学生解模

【试题1】（2020年高考理科全国Ⅲ卷第4题,本小题满分5分）Logistic模型是常用数学模型之一,可应用于流行病学领域. 有学者根据公布数据建立了某地区新冠肺炎累计确诊病例数 $I(t)$（t 的单位：天）的 Logistic 模型：$I(t) = \dfrac{K}{1+e^{-0.23(t-53)}}$,其中 K 为最大确诊病例数. 当 $I(t^*) = 0.95K$ 时,标志着已初步遏制疫情,则 t^* 约为（$\ln 19 \approx 3$）. （　　）

A. 60　　　　　B. 63　　　　　C. 66　　　　　D. 69

解析：∵ $I(t) = \dfrac{K}{1+e^{-0.23(t-53)}}$,

所以 $I(t^*) = \dfrac{K}{1+e^{-0.23(t^*-53)}} = 0.95K$,则 $e^{0.23(t^*-53)} = 19$,

所以 $0.23(t^*-53) = \ln 19 \approx 3$,解得 $t^* \approx \dfrac{3}{0.23} + 53 \approx 66$。故选C。

【试题2】（2020年新高考全国Ⅱ卷第12题,本小题满分5分）信息熵是信息论中的一个重要概念. 设随机变量 X 所有可能的取值为 $1, 2, \cdots, n$,且 $P(X=i) = p_i > 0$（$i = 1, 2, \cdots, n$）,$\sum_{i=1}^{n} p_i = 1$,定义 X 的信息熵 $H(X) = -\sum_{i=1}^{n} p_i \log_2 p_i$. （　　）

A. 若 $n=1$，则 $H(X)=0$

B. 若 $n=2$，则 $H(X)$ 随着 p_i 的增大而增大

C. 若 $p_i = \dfrac{1}{n}(i=1,2,\cdots,n)$，则 $H(X)$ 随着 n 的增大而增大

D. 若 $n=2m$，随机变量 Y 所有可能的取值为 $1,2,\cdots,m$，且 $P(Y=j)=p_j+p_{2m+1-j}$ $(j=1,2,\cdots,m)$，则 $H(X) \leqslant H(Y)$

解析：对于 A 选项，若 $n=1$，则 $i=1$，$p_i=1$，所以 $H(X)=-(1\times\log_2 1)=0$，所以 A 选项正确。

对于 B 选项，若 $n=2$，则 $i=1,2$，$p_2=1-p_1$，

所以 $H(X)=-[p_1\cdot\log_2 p_1+(1-p_1)\cdot\log_2(1-p_1)]$，

当 $p_1=\dfrac{1}{4}$ 时，$H(X)=-\left(\dfrac{1}{4}\cdot\log_2\dfrac{1}{4}+\dfrac{3}{4}\cdot\log_2\dfrac{3}{4}\right)$，

当 $p_1=\dfrac{3}{4}$ 时，$H(X)=-\left(\dfrac{3}{4}\cdot\log_2\dfrac{3}{4}+\dfrac{1}{4}\cdot\log_2\dfrac{1}{4}\right)$，

两者相等，所以 B 选项错误。

对于 C 选项，若 $p_i=\dfrac{1}{n}(i=1,2,\cdots,n)$，

则 $H(X)=-\left(\dfrac{1}{n}\cdot\log_2\dfrac{1}{n}\right)\times n=-\log_2\dfrac{1}{n}=\log_2 n$，

则 $H(X)$ 随着 n 的增大而增大，所以 C 选项正确。

对于 D 选项，若 $n=2m$，随机变量 Y 的所有可能的取值为 $1,2,\cdots,m$，且 $P(Y=j)=p_j+p_{2m+1-j}$ $(j=1,2,\cdots,m)$．

$H(X)=-\sum\limits_{i=1}^{2m}p_i\cdot\log_2 p_i=\sum\limits_{i=1}^{2m}p_i\cdot\log_2\dfrac{1}{p_i}$

$=p_1\cdot\log_2\dfrac{1}{p_1}+p_2\cdot\log_2\dfrac{1}{p_2}+\cdots+p_{2m-1}\cdot\log_2\dfrac{1}{p_{2m-1}}+p_{2m}\cdot\log_2\dfrac{1}{p_{2m}}$，

$H(Y)=(p_1+p_{2m})\cdot\log_2\dfrac{1}{p_1+p_{2m}}+(p_2+p_{2m-1})\cdot\log_2\dfrac{1}{p_2+p_{2m-1}}+\cdots+(p_m+p_{m+1})\cdot\log_2\dfrac{1}{p_m+p_{m+1}}=p_1\cdot\log_2\dfrac{1}{p_1+p_{2m}}+p_2\cdot\log_2\dfrac{1}{p_2+p_{2m-1}}+\cdots+p_{2m-1}\cdot\log_2\dfrac{1}{p_2+p_{2m-1}}+p_{2m}\cdot\log_2\dfrac{1}{p_1+p_{2m}}$，由于 $p_i>0(i=1,2,\cdots,2m)$，所以 $\dfrac{1}{p_i}>\dfrac{1}{p_i+p_{2m+1-i}}$，所以 $\log_2\dfrac{1}{p_i}>\log_2\dfrac{1}{p_i+p_{2m+1-i}}$，

所以 $p_i \cdot \log_2 \dfrac{1}{p_i} > p_i \cdot \log_2 \dfrac{1}{p_i + p_{2m+1-i}}$，所以 $H(x) > H(Y)$，所以 D 选项错误。

故选 AC。

二、题目未给出模型，要求学生建立模型后解答

【试题 3】（2020 年江苏卷第 25 题，本小题满分 10 分）甲口袋中装有 2 个黑球和 1 个白球，乙口袋中装有 3 个白球．现从甲、乙两口袋中各任取一个球交换放入另一口袋，重复 n 次这样的操作，记甲口袋中黑球个数为 X_n，恰有 2 个黑球的概率为 p_n，恰有 1 个黑球的概率为 q_n．

（1）求 $p_1 \cdot q_1$ 和 $p_2 \cdot q_2$；

（2）求 $2p_n + q_n$ 与 $2p_{n-1} + q_{n-1}$ 的递推关系式和 X_n 的数学期望 $E(X_n)$（用 n 表示）．

解析：（1）$p_1 = \dfrac{1 \times 3}{3 \times 3} = \dfrac{1}{3}$，$q_1 = \dfrac{2 \times 3}{3 \times 3} = \dfrac{2}{3}$，

$$p_2 = p_1 \times \dfrac{1 \times 3}{3 \times 3} + q_1 \times \dfrac{1 \times 2}{3 \times 3} = \dfrac{1}{3} \times \dfrac{1}{3} + \dfrac{2}{3} \times \dfrac{2}{9} = \dfrac{7}{27},$$

$$q_2 = p_1 \times \dfrac{2 \times 3}{3 \times 3} + q_1 \times \dfrac{1 \times 1 + 2 \times 2}{3 \times 3} + 0 = \dfrac{2}{3} \times \dfrac{2}{3} + \dfrac{2}{3} \times \dfrac{5}{9} = \dfrac{16}{27};$$

（2）$p_n = p_{n-1} \times \dfrac{1 \times 3}{3 \times 3} + q_{n-1} \times \dfrac{1 \times 2}{3 \times 3} = \dfrac{1}{3} p_{n-1} + \dfrac{2}{9} q_{n-1}$，

$q_n = p_{n-1} \times \dfrac{2 \times 3}{3 \times 3} + q_{n-1} \times \dfrac{1 \times 1 + 2 \times 2}{3 \times 3} + (1 - p_{n-1} - q_{n-1})$

$\times \dfrac{3 \times 2}{3 \times 3} = -\dfrac{1}{9} q_{n-1} + \dfrac{2}{3}$，

因此 $2p_n + q_n = \dfrac{2}{3} p_{n-1} + \dfrac{1}{3} q_{n-1} + \dfrac{2}{3}$，

从而 $2p_n + q_n = \dfrac{1}{3}(2p_{n-1} + q_{n-1}) + \dfrac{2}{3}$，$\therefore 2p_n + q_n - 1 = \dfrac{1}{3}(2p_{n-1} + q_{n-1} - 1)$，

即 $2p_n + q_n - 1 = (2p_1 + q_1 - 1)\dfrac{1}{3^{n-1}}$，$\therefore 2p_n + q_n = 1 + \dfrac{1}{3^n}$．

又 X_n 的分布列为

X_n	0	1	2
P	$1 - p_n - q_n$	q_n	p_n

故 $E(X_n) = 2p_n + q_n = 1 + \dfrac{1}{3^n}$.

【试题 4】（2021 年新高考全国Ⅱ卷 21 题，本小题满分 12 分）一种微生物群体可以经过自身繁殖不断生存下来，设一个这种微生物为第 0 代，经过一次繁殖后为第 1 代，再经过一次繁殖后为第 2 代……该微生物每代繁殖的个数是相互独立的且有相同的分布列，设 X 表示 1 个微生物个体繁殖下一代的个数，$P(x = i) = p_i$ ($i = 0, 1, 2, 3$).

（1）已知 $p_0 = 0.4$，$p_1 = 0.3$，$p_2 = 0.2$，$p_3 = 0.1$，求 $E(X)$；

（2）设 p 表示该种微生物经过多代繁殖后临近灭绝的概率，p 是关于 x 的方程：p 是关于 x 的方程：$p_0 + p_1 x + p_2 x^2 + p_3 x^3 = x$ 的一个最小正实根，求证：当 $E(X) \leq 1$ 时，$p = 1$，当 $E(X) > 1$ 时，$p < 1$；

（3）根据你的理解说明（2）问结论的实际含义。

解析：（1）$E(X) = 0 \times 0.4 + 1 \times 0.3 + 2 \times 0.2 + 3 \times 0.1 = 1$；

（2）设 $f(x) = p_3 x^3 + p_2 x^2 + (p_1 - 1)x + p_0$，

因为 $p_3 + p_2 + p_1 + p_0 = 1$，故 $f(x) = p_3 x^3 + p_2 x^2 - (p_2 + p_0 + p_3)x + p_0$，

若 $E(x) \leq 1$，则 $p_1 + 2p_2 + 3p_3 \leq 1$，故 $p_2 + 2p_3 \leq p_0$，

$f'(x) = 3p_3 x^2 + 2p_2 x - (p_2 + p_0 + p_3)$，

因为 $f'(0) = -(p_2 + p_0 + p_3) < 0$，$f'(1) = p_2 + 2p_3 - p_0 \leq 0$，

故 $f'(x)$ 有两个不同零点 x_1, x_2，且 $x_1 < 0 < 1 \leq x_2$，

且 $x \in (-\infty, x_1) \cup (x_2, +\infty)$ 时，$f'(x) > 0$；$x \in (x_1, x_2)$ 时，$f'(x) < 0$；

故 $f(x)$ 在 $(-\infty, x_1)$，$(x_2, +\infty)$ 上为增函数，在 (x_1, x_2) 上为减函数，

若 $x_2 = 1$，因为 $f(x)$ 在 $(x_2, +\infty)$ 为增函数且 $f(1) = 0$，

而当 $x \in (0, x_2)$ 时，因为 $f(x)$ 在 (x_1, x_2) 上为减函数，

故 $f(x) > f(x_2) = f(1) = 0$，

故 1 为 $p_0 + p_1 x + p_2 x^2 + p_3 x^3 = x$ 的一个最小正实根，

若 $x_2 > 1$，因为 $f(1) = 0$ 且在 $(0, x_2)$ 上为减函数，故 1 为 $p_0 + p_1 x + p_2 x^2 + p_3 x^3 = x$ 的一个最小正实根，综上，若 $E(x) \leq 1$，则 $p = 1$.

若 $E(x) > 1$，则 $p_1 + 2p_2 + 3p_3 > 1$，故 $p_2 + 2p_3 > p_0$，

此时 $f'(0) = -(p_2 + p_0 + p_3) < 0$，$f'(1) = p_2 + 2p_3 - p_0 > 0$，

故 $f'(x)$ 有两个不同零点 x_3, x_4，且 $x_3 < 0 < x_4 < 1$，

且 $x \in (-\infty, x_3) \cup (x_4, +\infty)$ 时，$f'(x) > 0$；$x \in (x_3, x_4)$ 时，$f'(x) < 0$；

故 $f(x)$ 在 $(-\infty, x_3)$，$(x_4, +\infty)$ 上为增函数，在 (x_3, x_4) 上为减函数，

而 $f(1) = 0$，故 $f(x_4) < 0$，

又 $f(0) = p_0 > 0$，故 $f(x)$ 在 $(0, x_4)$ 存在一个零点 p，且 $p < 1$.

所以 p 为 $p_0 + p_1 x + p_2 x^2 + p_3 x^3 = x$ 的一个最小正实根，此时 $p < 1$，

故当 $E(x) > 1$ 时，$p < 1$.

(3) 意义：每一个该种微生物繁殖后代的平均数不超过1，则若干代必然灭绝，若繁殖后代的平均数超过1，则若干代后被灭绝的概率小于1。

上面的例题第3、4题，要求学生通过数列建立模型，具有一定的综合性，难度较大。第3题与信息技术知识综合，第4题与生物知识综合，具有跨学科应用数学知识的特点，这代表了数学建模的一种方向，那就是对学科外的知识的探究。

第六章 数学文化发展的规律

数学文化究竟是怎么得到发展的？也许这对于我们数学的教学有启发。有些学者觉得数学文化的发展非常类似生物个体的发展，从而引进了"环境""遗传""选择"等生物学的概念。曾任美国数学会主席的密歇根大学的怀尔德教授（R. L. Wilder），是数学文化的重要倡导者，他在1968年出版的《数学概念的演变：一个初步的研究》中，提出了关于数学发展的11个动力与10条规律；在1981年出版的《作为文化体系的数学》中提出了关于数学发展的23条规律，这是数学文化发展的较为系统的研究。

本章首先给出这些规律，然后利用这些规律分析函数的概念的发展，第三节给出笔者的教学案例。

第一节 怀尔德关于数学文化发展的动力与规律

怀尔德教授于1968年提出数学发展的11个动力和10条规律[①]：

数学发展的11个动力是：

第一条：环境的力量；第二条：遗传的力量；第三条：符号化；第四条：文化传播；第五条：抽象；第六条：一般化；第七条：一体化；第八条：多样化；第九条：文化阻滞；第十条：文化抵制；第十一条：选择。

勾股定理是几何学的重要定理，它描述了自然界之中直角三角形的边角关系。中国最早证明它的人是三国时期的赵爽，而国外则是毕达哥拉斯学派。迄今为止，人们利用不同的思路证明勾股定理的方法多达几百种。这说明，各种各样的人文环境都有产生相同知识的可能性，这些知识无非就是早产生或者晚产生的问题。

这里所谓的遗传不一定是生物学上的遗传，生物学的遗传之间必须有血缘关系，而这里数学文化的遗传是一种学术上的继承与发展，不一定需要血缘关系。中国的割圆术导致圆周率的精确位数进一步提高的例子主要就是遗传的力量。割圆术最早由三国时期的刘徽创建，祖冲之在刘徽的基础上，利用割圆的方法得到圆周率 π 在 3.1415926 和 3.1415927 之间。当然，有血缘关系的人也可以进行学术的继承与发展，比如17世纪瑞士的伯努利家族。伯努利家族有三个数学界多产的数学家，一是雅各布·伯努利，二是约翰·伯努利，三是丹尼尔·伯努利，前两者是兄弟关系，第三人是第二人的儿子。

简洁的符号可以促进数学的发展，这是数学文化得到发展的共识。比如，历史上根号有很多种，最终平方根号的形状就是法国著名数学家笛卡尔发明的，并沿用至今。表6-1总结了部分方根符号。

[①] 转引自：郑毓信．数学文化学 [M]．成都：四川教育出版社，2001：389-393.

表 6-1　部分方根符号[1]

符号	发明原理	使用方法	发明人	时间	备注
ka	ka 是平方根"kapaha"的首写两个字母	ka2 代表 $\sqrt{2}$	印度	中世纪	时间不详，不表示负根
C	C 为平方根"Carani"的第一个字母	C2 代表 $\sqrt{2}$	印度 婆罗摩笈多	7 世纪	——
L	L 为 Latus 的第一个字母	L2 代表 $\sqrt{2}$	法国 拉米斯	16 世纪	——
℞	R 为 radix 的第一个字母	℞² · 16 代表 $\sqrt{16}$，℞⁴ · 16 代表 $\sqrt[4]{16}$	意大利 斐波那契	12 世纪	——
cu	cu 为 cuber 的第一、二个字母	℞ V: cu ℞ 108m: 10 表示 $\sqrt[3]{\sqrt{108}-10}$	意大利 卡尔达诺	1545	℞ 表开方根符号，V 表归并符号，cu 表示立方根，m 表示减
√, W, W	——	√8, W 8, W 8 分别表示 $\sqrt{8}$，$\sqrt[3]{8}$，$\sqrt[4]{8}$	德国 路多尔夫	1525	——
√c 或者 √3)	——	√3)20 表示 $\sqrt[3]{20}$	荷兰 斯蒂文	1585	——
√ , √C.	——	√C. 表示 $\sqrt[3]{\ }$	法国 笛卡尔	1637	前者表平方根，后者表立方根
ᴣ丿、џ丿、ᶅ丿	——	——	哈顿	1721	分别表示三、四、五次根

---

[1] 徐品方，张红. 数学符号史 [M]. 北京：科学出版社，2006：217-225.

无理数的概念说明了文化传播之中有迟滞和抵制的作用。约在 4000 多年以前，美索不达米亚人在计算边长为 1 的正方形对角线长时，发现了无理数 $\sqrt{2}$（无限不循环小数）的存在，他们采用递归法找到了一个无限接近 $\sqrt{2}$ 的有理数，并将结果精确到小数点后一百万位。公元前 500 年左右，古希腊毕达哥拉斯学派的弟子希伯修斯（Hippausus）发现：若正方形边长是 1，则对角线的长 $\sqrt{2}$ 不是一个有理数，这一不可公度的结果与毕达哥拉斯氏学派的哲理"万物皆为（有理）数"完全相悖。希伯修斯因此被囚禁，最后竟被沉入大海，这是数学史上的一个悲剧。毕氏弟子的发现，第一次向人们揭示了有理数系的缺陷，证明它不能同连续的无限直线同等看待，有理数并没有布满数轴上的点，在数轴上存在着不能用有理数表示的"孔隙"。而这种"孔隙"经后人证明简直多得"不可胜数"。于是，古希腊人把有理数视为连续衔接的那种算术连续统的设想彻底地破灭了，无理数最终被人们接受。17 世纪时，德国天文学家开普勒称之为"不可名状的数"，毕达哥拉斯学派的"无理"之举，夺去了希帕索斯的生命，为了纪念这位为真理献身的学者，人们把这种"不可公度"比的数称为"无理数"。

美国数学家哥德尔（Kurt Godel）是 20 世纪最伟大的数学家和逻辑学家之一，他发现的哥德尔不完全性定理，被称为"20 世纪最有意义的数学真理"。其中的第一定理是：任意一个包含一阶谓词逻辑与初等数论的形式系统，都存在一个命题，它在这个系统中既不能被证明为真，也不能被证明为否。

这个定理直接回答了在信息技术高度发达的背景下，人工智能目前能不能超越人类的基本问题，也就是文化选择的问题。

怀尔德又提出数学发展的规律，共有 10 条：

规律 1：在任何时候，只有那些能增强已有数学的能力以满足自身的遗传力量或一般文化的环境力量的概念，才能得到发展。

规律 2：概念的可接受性取决于它的富有成果的程度。特别是，一个概念不会由于它的起源或诸如"不真实"的此类形而上学的标准而永远遭到排斥。

规律 3：一个概念在数学上的重要性既取决于它的符号表达形式，也取决于它与其他概念的关系。如果一种符号形式造成理解上的困难，甚至对这一概念的彻底拒绝，那么——假设这一概念是有用的——一种更容易把握和理解的符号形式就会得到发展。如果相互联系使得把它们合并成一个更为一般的概念的一体化成为可能，后者就会得到发展。

规律4：如果某一个问题的解决将会促进某个数学理论的发展，那么，这一理论的概念就会以这样的方式得到发展，使这一问题能最终得到解决，而且，可能是若干个研究者彼此独立做出的。

规律5：由于共同的符号系统的采用或出版机会的增加，以及其他交流方法所造成的传播机会，对于新概念的进化速度有着直接的影响。

规律6：整个文化的需要，特别是数学文化的繁荣所能提供的更大的便利，将会造成能满足这种需要的新概念创造的发展。

规律7：僵化的文化环境最终将会抑制新的数学概念的发展，不利的政治气氛或一般的反科学的气氛也会造成同样的结果。

规律8：由于现行概念结构的不相容性或者不适应性的发现而造成的危机，会刺激数学的加速发展。

规律9：新的概念常常依赖那些在当时只是直觉地把握的概念，但后者的不完善性最终将导致新的危机。类似地，重要问题的解决也会产生新的问题。

规律10：数学的进化是一个无休止的过程，它只是受到诸如规律5、规律6、规律7中所指出的偶然性的限制。

我觉得第7条规律特别有意义：僵化的文化环境最终将会抑制新的数学概念的发展，不利的政治气氛或一般的反科学的气氛也会造成同样的结果，这好像生物的发展一样，数学概念的发展与环境竟然也有关系。如果数学课堂被看作一种环境，那么僵化的文化环境与不利的政治气氛或一般的反科学的气氛是否会影响学生掌握数学概念的能力呢？

1981年，怀尔德教授又把10条规律扩展为23条规律：

规律1：重大问题的多重的、独立的发现或解决，是一条规律，而不是例外。

规律2：新概念的进化通常是由于遗传的力量，或者是因借助环境力量而形成一般文化的压力造成的。

规律3：一旦一个数学概念在数学文化中提出，它的可接受性最终将取决于这一概念富有成果的程度；它将不会由于它的起源或因为形而上学或者其他的标准谴责它是"不真实的"而永远遭到拒斥。

规律4：一个新的数学概念的创造者的名望和地位在该概念的可接受性方面起着强制的作用，尤其在所创造的东西突破了传统时更是这样。对于新的术语或符号的创造也是这样。

规律5：一个概念或理论能否保持它的重要性，既取决于它的富有成果性，又取决于它的符号表达形式。

规律6：如果一个理论的进展依赖于某一问题的解决，那么，这一理论的概念结构就将以最终解决这个问题的途径发展。一般说来，这种问题的解决将带来一大批成果。

规律7：若一个数学理论的发展将通过（尤其是它的进程依赖于）某些概念的统一而实现，那么这种统一就将发生。

规律8：若数学的发展需要引入似乎是不合理或"不真实"的概念时，那么这种概念就将通过适当的且可接受的解释提供出来。

规律9：在每个时代，都有一种被数学共同体成员所享有的文化直觉，它体现了有关数学概念的基本的和普遍可接受的见解。

规律10：不同文化与不同领域之间的传播经常会导致新概念的产生并加速数学的发展。

规律11：由一般文化及其各种子文化，诸如科学的子文化所造成的环境力量，将在数学子文化中造成明显的反应，这种反映既可能是增加新的数学概念的创造，也可能是数学创造的减少，这取决于文化环境的性质。

规律12：当数学取得重大进展或突破，而它们的意义又已为数学公众所理解时，就常常会导致对先前只是部分地被理解的概念的新洞见，以及有待于解决的新问题。

规律13：数学现行的概念结构中不相容性或不适当性的发现，将会导致补救性概念的产生。

规律14：革命可能发生在数学的形而上学、符号体系和方法论之中，但不会发生在数学的内核中。

规律15：数学的不断进化伴随着严密程度的提高。每一代数学家都会感到对先前几代人所做的隐藏假设进行证明（或反驳）是必要的。

规律16：数学系统的进化只能通过更高的抽象进行，这种抽象借助于一般化和统一化，通常被遗传的因素所激励。

规律17：作为个体的数学家必须维持与数学文化主流的接触，而不能有其他选择；他不仅受数学的发展状况和已有的数学工具的限制，而且必须适应那些即将走向综合的概念。

规律18：数学家们不时地宣称，他们的课题已经近乎"彻底解决了"，所有基本的结果已经得到，剩下的工作只是填补细节的问题。与这种断言相反，怀尔德认为，我们应当肯定数学作为整个人类文化的一个子系统具有无限的发展可能性。

规律19：文化的直觉主张每个概念、每个理论都有一个开端。

规律20：数学的最终基础是数学共同体的文化直觉。

规律21：随着数学的进化，隐藏的假设不断被发现并得到明确的表述，其结果或者是普遍的接受，或者是部分或全面地被抛弃，接受通常伴随着对假设的分析以及用新的证明方法去证实它。

规律22：数学中最活跃时期出现的充要条件是，存在有合适的文化气候，包括机会、刺激（如新领域的出现，悖论或矛盾的发现）和材料。

规律23：由于数学的文化基础，所以数学中没有什么绝对的东西，只有相对的东西。

笔者觉得，读过数学这些发展规律和发展动力，我们仿佛从中看到了很多历史上轰轰烈烈、生动发展的数学事例，就好比军事爱好者从历史书上看到了你死我活的战争场面一样，这些发展规律与动力就是鲜活的数学发展的历史规律。根据历史相似原理，这些发展规律在学生学习和理解数学的过程中将会重演，所以我们应该重视这些规律在数学教学中的应用。

第二节 数学文化创新的案例——函数概念的演化

2020 年,经汪晓勤教授团队所在的专家组商议,同意笔者在华东师范大学"立德树人"数学教学研究基地组织的全国高中数学 HPM 网络学习班专门学习知识,汪晓勤教授组织来自全国的部分高中数学教师学习了函数、椭圆、二面角等概念的演化路径,学习了历史上的正弦定理、均值不等式等融入高中数学课堂的知识与路径,从而让笔者对这些知识有了一些自己的思考[①]。

数学文化在创新中发展,这些创新包含拓展、引申、改变、再造。

函数概念是高中数学最抽象、最复杂、最重要的概念之一,目前我国教科书中函数的定义是怎么样的?我们知道,在教科书中,初中的函数概念是"变量说",高中的概念是"对应说",如下:

初中函数的概念:设在某个变化过程中有两个变量 x,y,如果对于任意一个 x 值,y 就有唯一确定的值与它对应,那么 y 就叫作 x 的函数,其中 x 是自变量,y 叫因变量。这个定义被称为"变量依赖说"。

高中函数的概念:设 A,B 是两个非空数集,对于集合 A 中每一个确定的值,集合 B 中就有唯一确定的值与之相对应,这样的映射叫函数,记作 $y = f(x)$。其中集合 A 是定义域,值域是集合 B 的子集,映射 f 就是对应法则。这个定义被称为"集合对应说"。

教材为什么这样安排呢?因为对于初中生来说,学习范围从常量数学到变量数学是认识上的一次飞跃。初中学生抽象思维能力差,符号意识薄弱,学生在函数概念的理解上存在困难,一般只学习一次函数、二次函数、反比例函数,这其实与函数最初产生时的样态最为接近,故使用"变量依赖说"比较好理解。高中生的抽象思维能力逐渐发展,符号意识增强,学习了集合与映射等基础知识,学习的函数种类扩大到基本初等函数的很多种类,所以使用"对应

---

① 本文在学习班提供课程资料的基础上进行了扩充、整理和改编。

说"可以接受。所以，这是根据学生的心理发展水平和认知接受能力来安排的，合乎教育规律。

但是函数的定义远不止这两个，函数的概念在历史上经历了上百年的逐渐发生和发展的过程。下面我们来回顾一下这些历史，从中看到数学文化轰轰烈烈的发展之路，特别可以看到数学文化的发展也不完全只是滚雪球式的改良，也有推翻重建的再造。

一、函数的萌芽

中国西汉的班昭曾编制了一个表，把约 2000 个传说人物和历史人物的名字，按照她规定的 9 个品德表现等级作纵轴，时间作横轴，把人物用一个点标在这个矩形方框中，这就是现代意义上的一种函数[1]。在 14 世纪，法国数学家奥雷姆（N. Oresme）用图线表示依时间 t 而变化的量 x，并称 t 为"经度"，x 为"纬度"，在平面上建立了点与点之间的对应[2]。1637 年前后，法国数学家笛卡尔（René Descartes）得出了平面上的点与有序实数对 (x, y) 之间的一一对应关系，孕育了函数的概念萌芽。马克思曾说，笛卡尔发明的解析几何，是函数概念从萌芽到产生，并且开始新的发展和具有重要意义的标志或里程碑。美国数学家 M. 克莱因（Morris Kline）认为："在 17 世纪引进的绝大部分函数，在函数概念没有充分认识以前，是当作曲线来研究的。例如，关于 $\lg x, \sin x, a^x$ 等超函数的研究就是这样。……逐渐地就给这些曲线所代表的各种类型的函数引进了名词和记号。"[3]

二、函数概念的解析定义之始

公元 1667 年，英国数学家格雷戈里（J. Gregory）在《论圆和双曲线的实际求积》里第一次抽象出函数概念。他认为函数"是从其他的一些量经过一系列代数运算（加、减、乘、除、开方、求极限）而得到的，或者经过其他可以想象的运算而得到的"。这一定义本来被认为是解析函数的定义之始，但因该定义有很大的局限，也没有给出函数的记号，很快被人遗忘了[4]。

---

[1] 张红. 数学简史 [M]. 北京：科学出版社，2007：188.
[2] 杜瑞芝. 数学史辞典新编 [M]. 济南：山东教育出版社，2017：588.
[3] 克莱因. 古今数学思想 [M]. 上海：上海科学技术出版社，2014：281.
[4] 徐品方，张红. 数学符号史 [M]. 北京：科学出版社，2006：245.

三、函数的几何起源和解析起源

德国数学家莱布尼茨（G. W. Leibniz）在 1673 年的一篇手稿里给出了函数定义：像随着曲线上的点的变动而变动的几何量，如坐标、弦、切线和法线等都称为函数。并且，他强调这条曲线是以方程式给出的，这种用函数表示几何量的方法，被后人称为"函数概念的几何起源"。他又在 1692 年发表于 Acta Eruditorum 的论文中首先用幂一词表示函数（即 x，x^2，x^3，…），这可以当作是函数概念的解析起源。北师大版高中教科书必修1[①] 函数的编排顺序就是先讲幂函数，再讲指数函数和对数函数，这其实是有历史渊源的。

四、函数是多项式

法国数学家达朗贝尔（D'Alembert）于 1757 年在狄德罗（D. Diderot）主编的《大百科全书》第 7 卷中这样给函数下定义："我们今天将由任意多项组成的代数量称为 x（或一般地说，任一个量）的函数，其中，x 以任意方式与一些常量组合在一起，或不组合在一起。"

五、函数是解析式

1694 年，莱布尼茨的高才生约翰·伯努利（Johann Bernoulli）在研究中要刻画运动过程和各种变化量之间的相依关系，他于是定义，"变量的函数是由这些变量与常量所组成的一个解析表达式"，并且用字母 n 表示变量 z 的一个函数。1697 年，他又用大写字母 X 和相应的希腊字母专门表示变量 X 的函数。同一时期（1695 年）雅各布·伯努利（Jacob Bernoulli）则用 p 和 q 表示变量 x 的任意两个函数。1718 年，约翰·伯努利首次明确地提出函数的新定义："一个变量的函数是由该变量和一些常数以任何方式组成的量（这个所谓的'量'可能仅仅局限于代数式）"，又创用符号"gz"表示 x 的函数，"变量"一词也是这时引入的。这个定义较前有进步，但仍是用解析式来定义，是不确切的，但他首次给出了表示函数的一种符号 φz。瑞士科学家欧拉（Euler）则突破代数式的局限，将他老师伯努利的定义进一步明确化，在他的名著《无穷分析引论》（1748）中，他首次采用"解析式"来定义函数："一个变量的函数是由该

[①] 课程教材研究所，中学教学课程教材研究开发中心. 普通高中课程标准实验教科书数学必修 1 [M]. 北京：人民教育出版社，2004.

变量和一些数或常量以任何方式组成的解析式。因此，如果在每一个解析式中，除了 x 以外，其他所有的量均为常量，则该解析式就是 x 的一个函数"。欧拉在 1734 年发明的用 $f(x)$ 表示 x 的函数符号，一直沿用至今。

汪晓勤教授曾考察了 1757—1838 年的欧美百科全书，发现欧拉的解析式定义占据主流地位。

六、变量依赖说

1755 年，欧拉在其著作《微分基础》中给出函数的第三个定义："如果某些量依赖于另一些量，当后面这些量变化时，前面这些变量也随之变化，则称前面的量为后面的量的函数"。在数学领域中，数学天才欧拉把人类之前的函数进行了分类，包括代数函数和超越函数、显函数和隐函数、有理函数和无理函数、整函数与分函数、单值函数与多值函数等。特别是隐函数、超越函数、多值函数等，不使用依赖关系说不清楚。欧拉这个"依赖变化"定义，朴素地反映了函数中的辩证因素，体现了从"自变"到"因变"的过程，因此被认为是科学函数概念的雏形。不难看出，欧拉给出的函数定义比以前的定义更普遍、更具有广泛意义。

同一时期的法国数学家拉克洛瓦（S. F. Lacroix）在《微积分专论》（1797）的引言中也将函数的概念阐述为："若一个量的值依赖于另一个或几个量，则前一个量称为后一个或几个量的函数，无论我们知不知道后一个或几个量是通过什么运算得到前一个量的"。1823 年，法国数学家柯西（Cauchy）在他的《微积分学概要》中引入了新的函数概念："将一个可以连续取不同值的量称为一个变量……在某些变量之间存在着一定的关系，当一经给定其中某一变量的值，其他变量的值也随之而确定时，则将最初的变量称为'自变量'，其他变量即称为'函数'"。柯西的这个概念非常接近如今初中函数的概念。

俄罗斯数学家罗巴切夫斯基（Lobachevsky）于 1834 年下过这个定义[①]："函数的一般概念要求 x 的函数是一个数，它对每个 x 是给定的并随 x 变化。函数的值可以这样给出，或者用一个解析式或者用一个条件，使它能给出试验所有数的方法并选中其中之一；或者最后，存在一种依赖性，它的具体形式不必知道。"

---

① 杜瑞芝. 数学史辞典新编 [M]. 济南：山东教育出版社，2017：589.

七、变量对应说

在欧拉的基础上，很多数学家们对函数的定义进行了进一步研究，函数概念从"变量依赖关系"逐步演变为"变量对应关系"。

1822 年，法国数学家傅里叶（J. Fourier）在《热的分析理论》中给出了如下定义："函数 $f(x)$ 代表一系列的值或纵坐标，它们中的每一个都是任意的。对于无限多个给定的横坐标 x 的值，有同样多个纵坐标的值 $f(x)$。所有的纵坐标都有具体的数值，或是正数，或是负数，或是零。我们不假定这些纵坐标满足同一个法则；它们可以任何方式彼此接续，每一个都好像是单个的量"。

1837 年，德国数学家狄利克雷（L. Dirichlet）给出如下定义："设 a,b 是两个确定的值，x 是可取 a,b 之间一切值的变量。如果对于每一个 x，有唯一有限的 y 值与它对应，使得当 x 从 a 到 b 连续变化时，y 也逐渐变化，那么 y 就称为该区间上 x 的一个连续函数。在整个区间上，y 无须按照同一种规律依赖于 x，也无须单单考虑能用数学运算来表示的关系"。如果去掉"连续"的条件，这个定义与现行初中的定义非常接近。

其中狄利克雷创造的函数 $f(x) = \begin{cases} 1, & x \in Q \\ 0, & x \in C_R Q \end{cases}$ 是高中分段函数的重要模型，这个函数有以下多个不寻常的意义：

（1）它是不能用一个式子表示的函数，狄利克雷函数把函数必须由一个表达式来表示的限制去掉了；

（2）它的函数图像无法画出，但是它的函数图像客观存在，所以狄利克雷函数把函数一定可以画出图像的限制去掉了；

（3）它是周期函数却没有最小正周期，任意非零有理数都是周期；

（4）它的图像存在以 y 轴为对称轴，是一个偶函数，它处处不连续，极限处处不存在。

著名的狄利克雷函数突破了以往人们对于函数的印象，说明函数作为任意配对的概念。

德国数学家黎曼（Riemann）在 1851 年这样认为："我们假定 Z 是一个变量，它可以逐次取所有可能的实数值。若对它的每一个值，都有未定量 W 的唯一的一个值与它对应，则称 W 为 Z 的函数。"

可以发现，函数概念的扩展是所有数学概念发展的一个典型例子：总是从不精确逐步精确起来。函数的这种发展道路与铁匠打造一个铁器的过程类似：铁匠每一锤敲打并没有准确的轻重，但是慢慢敲打之后，最终成器。

在函数的后期发展历史中，傅里叶的贡献尤其突出，他敢于冲破人们（包括大数学家们）对于函数的固有观念，由此加速了后人对于函数定义的新探讨。

关于函数，还有一个有趣的故事[①]：法国数学家达朗贝尔（D'Alembert）和欧拉在研究弦振动问题时，碰上必须定义函数的问题。他们各自提出了不同的函数概念，发生了争论。约翰的学生达朗贝尔支持老师约翰于1698年提出的解析式定义，并简明地解释说，任意函数的定义是指"任意的解析式"。欧拉不同意他们的说法，因为在 xy 平面上徒手画出来的曲线都可以表示 y 与 x 之间的关系，于是他把函数定义为"任意画出的一条曲线"。两人争论很久，谁也没有说服谁。后来，约翰的儿子丹尼尔（Daniel Bernoulli）也参加争论，他提出了一个企图调解的、折中的定义。但两位长者都不同意丹尼尔的观点，并加以反驳。初生牛犊不怕虎，丹尼尔仍坚持自己的理论，后被法国数学家傅里叶（J. Fourier）证明他是对的。现在看来，欧拉与达朗贝尔的定义都是图像法表示的函数，也是正确的定义。

从以上函数的概念的演化可以看到：不同国家、不同民族、不同社会之间，不同信仰背景的人之间，人们对函数的概念的理解角度有偏差，这很正常，人们对同一个知识的发展都可以作出自己的贡献，不盲目相信所谓的权威，不贬低自己的成果，不故步自封，一定可以在历史的星空中留下属于自己的一点星光，这就是多元教育的价值。

八、集合对应说

集合论诞生后，函数定义得到了进一步抽象。

1921年，波兰数学家库拉托夫斯基（Kuratowski）认为："集合 $(a, b) = \{\{a\}, \{b\}, \{a, b\}\}$ 称为一个序偶，设 f 是一个序偶的集合，如果当 $(x, y) \in f$，$(x, z) \in f$ 时 $y = z$，则称 f 是一个函数。"[②]

1939年，法国布尔巴基（N. Bourbaki）学派给出了函数的如下定义：

"设 E 和 F 是两个集合，它们可以不同，也可以相同。E 中的一个变元 x 和 F 中的变元 y 之间的一个关系称为一个函数关系，如果对每一个 $x \in E$，都存在

[①] 徐品方，张红. 数学符号史 [M]. 北京：科学出版社，2007：248.
[②] 杜瑞芝. 数学史辞典新编 [M]. 济南：山东教育出版社，2017：590.

唯一的 $y \in F$，它满足与 x 的给定关系。我们将联系的每一个元素 $x \in E$ 和 $y \in F$ 的运算称为函数；y 称为 x 处的函数值。函数是由给定的关系决定的，两个等价的函数关系确定了同一函数"。这一定义与我们现在高中数学教科书上的定义十分接近，上述定义中的"关系"就是我们今天所说的"对应关系"。类似的集合论的定义在今天的许多教科书上都可以找到，这也标志着函数的现代定义被普遍接受。

那为什么在欧拉定义的基础上，数学家们还要研究新的函数定义呢？欧拉时代，人们对于函数的认识还普遍存在着下述观点：①由连续曲线表示的函数仍是个连续函数，并且可以由解析表达式表示。②把是否可由唯一的表达式给出，作为判断"真""假"函数的标准。例如，不连续的曲线或折线不能由唯一的式子表达，因此它代表的函数不是一个函数，而是多个函数的集合。③在区间 $[a,b]$ 内恒有相同函数值的两个函数，必定是完全相等的函数。④只有周期性曲线，才能用周期函数（如三角函数）表示。

傅里叶的论文之中，一个不连续的曲线可以由一个式子表示，也可以由几个式子来表示，而且不是周期函数的曲线还是可以用周期函数来表示而且他们不等。因此，欧拉时代人们判别真假函数的标准完全失去了意义。柯西引入了自变量的说法。狄利克雷函数把函数必须由表达式来表示的限制也去掉了。黎曼把一个自变量只能对应一个因变量的限制也去掉了，创造了复变函数的多值函数理论。随着集合论的建立，布尔巴基学派把函数概念中关于变量的条件进一步放宽，这时，变量的概念完全被集合的元素所取代。

下面我们谈谈函数概念的发展对我们教学的启示。

函数定义的这些变化，文化教育的意义非常明显。

现行初中的函数概念是正确的，它的每字每句，都是经过千锤百炼的，是群体劳动的结晶。汪晓勤教授认为，早期函数概念主要经历了以下发展历程："x 的函数"仅指"x 的幂"→含 x 的代数式→含 x 的任意解析式→依赖 x 或由 x 所确定的任意变量，而且有以下规律：

（1）函数概念的演进过程并不是线性的或演绎式的；

（2）函数的不同定义常常在历史长河的某一个时间段共存；

（3）新定义的产生并非意味着旧定义的废弃，甚至有时候新定义并未在数学世界里产生波澜。

历史上人类认识函数尚且不易，学生认识函数的过程也必将是一个复杂渐变的过程，根据历史相似性原则，我们不要希望学生对函数的概念的理解一步到位，应容许学生有螺旋式上升的理解，比如，初中着重理解多项式函数（一次函数、二次函数），其实就是函数之中使用幂的理解，高中逐步过渡到一般解析式理解，后面再到对应说，映射说。

M. 克莱因（M. Kline）是美国著名数学史学家和教育学家，他在抨击新数运动时说到，"从伽利略到狄利克雷，数学家一直绞尽脑汁地去理解函数的概念。但现在却由定义域、值域和有序对来玩弄把戏。"他这句话表明，直接进行函数的集合对应学说的函数概念的教学，似乎教学的高度太高了，没有考虑到学生的可接受性，高估了学生接受函数概念的能力，没有遵循历史相似性原理，可能对学生的数学素养培养不利。

我们以前接触的很多例子都说数学的发展具有包容性和兼容性，而函数的发展的例子表明，数学的发展之中，也大量存在突破前人思维局限的例子，我们也应该鼓励学生进行创造性思维，不盲目相信权威，不故步自封。

函数概念经历了漫长而曲折的演进过程，历史曾同时存在着多种函数的定义。针对函数概念的教学，一定需要遵循历史相似性规律，螺旋式上升，不要妄想一次到位：一是在高中，针对每一个函数模型，先用初中的"变量说"训练将每一个函数模型到位，再逐渐过渡到"变量对应说"，为高等数学的多变量函数、隐函数、一对多的函数、复变函数等函数知识的学习打好基础；二是利用高中数学丰富的函数模型训练学生，让学生领会不同的对应关系和依赖关系，熟悉不同的函数模型，丰富解决数学问题的手段，这样才能切实提高学生的数学素养。

函数的概念从清朝后期传入我国，李善兰和英国传教士兼汉学家伟烈亚力（A. Wylie）合译的《代数学》（1837）之中正式将函数定名。在《代数学》中，德·摩根（A. De Morgan）利用"解析式法"定义函数："以任一方式包含 x 的代数式称为 x 的函数，如 x^2，x^2+a^2，$\frac{a+x}{a-x}$，$\log(x+y)$，$\sin 2x$ 等。"因此，李善兰翻译函数为："凡式中含天，为天之函数，如甲⊥天，甲⊥乙天^二，诸式是也"[①]，翻译成现代文即："凡一式含有 x，则称之为 x 的函数，如 $a+x$，$a+bx^2$"。李善兰等将"变量"译为"变数"，因此函数的定义简单说就是"包含变

---

① 李善兰在《代微积拾级》中认为："微分之数有二，一曰常数，二曰变数，变数以天、地、人物等字代之，常数以甲、乙、子、丑等字代之。……凡此变数函彼之变数，则此为彼之函数。"

数的表达式,简称函(含)数",其中"函"与"含"同义。这就是今天中文数学名词"函数"的由来。

需要注意的是,李善兰在《代数学》中,将函数分为"常式函数"与"越函数"之分,其中的"越函数"即今天的"超越函数"。在《代微积拾级》中,李善兰将函数分为"阳函数"与"阴函数",其中的"阳函数"即今天的"显函数",而"阴函数"即今天的"隐函数"。

当然,李善兰翻译过程中的失败之笔就是未能引入西方的简单符号体系,而是使用了一些现代看起来很奇怪的函数符号,导致数学知识的读写与应用比较困难,比如:天 = $\dfrac{地 \perp 一}{甲(地 \top 一)}$,这个翻译成现在的字母其实就是 $y = \dfrac{x+1}{a(x-1)}$.

第三节　数学文化进课堂的案例——简说分形几何

彰显数学的文化价值是实现数学课程育人的切入点；挖掘数学的本质内涵是培养学生数学核心素养的突破口；开发美妙而富于力量的高品质数学文化课程，让数学文化真正走进中小学数学课堂，走进学生的心灵世界，是提高中小学数学教育质量的主渠道。为此中国数学会数学史分会和中国教育科学研究院课程教材研究所于2017年联合进行了"全国中小学数学文化进课堂优秀案例评选"活动，我提供的一篇案例《简说分形几何》得到专家学者的高度评价，获得了一等奖。我觉得这篇文章一方面体现了我对数学教育的理解，展现了我对数学教育的某些追求；也是数学文化发展理念下，笔者践行数学文化进课堂的一种实践活动。

一、适合对象

高中一年级下学期学生。

二、概述

1. 内容

分形几何的发现是20世纪20项重大科学发现之一，本案例以 HPM 的视角简单介绍了分形几何的起源、特点。

2. 数学知识结构

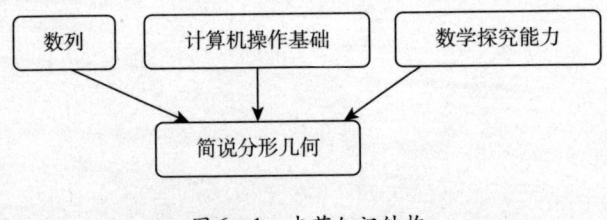

图 6-1　本节知识结构

3. 数学知识

分形几何的产生、基本特点、个别可操作性习题。

4. 核心素养

本课中拥有"数学抽象、数学运算、直观想象、数据分析"等核心素养的培养点。

5. 数学史与数学文化的渗透点

分形几何的产生、数学与信息技术的融合、Koch 曲线的周长计算。

6. 育人价值与创新之处

本案例的内容列入高中数学选修课，但是全国尚没有比较成型的文字教案，学习本课可以了解这方面的知识，可以考虑在"数列"之后开设选修课。讲授本课需要充分融合文字、声音、图形、计算机软件等多种媒体，使学生享受这份"文化大餐"。本课对于学生开阔数学视野、培养对于数学的兴趣具有一定的作用。

三、内容结构

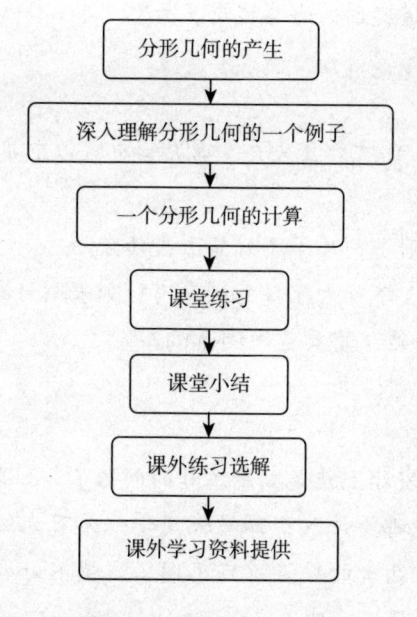

```
分形几何的产生
   ↓
深入理解分形几何的一个例子
   ↓
一个分形几何的计算
   ↓
课堂练习
   ↓
课堂小结
   ↓
课外练习选解
   ↓
课外学习资料提供
```

图 6-2 本节知识的流程

四、教学策略

在分形几何的起源上选用历史题材，启发学生思维；介绍分形几何的特点时，操作计算机软件，吸引学生兴趣；通过 Koch 雪花曲线的周长计算具体了解分形几何的思想，从而对分形几何的理解更加深入；通过典型习题计算实现对分形几何的理解升华，使之不再流于肤浅；提供课外资料供深入学习。

五、教学实录

1. 分形几何的产生①

T：同学们，你们都知道科学家爱因斯坦吗？知道的请举手。

S：知道。（学生纷纷举手）

T：爱因斯坦（Albert Einstein）的主要科学发现是什么呢？

S：相对论（Theory of Relativity）。

T：今天我们来学习一个与相对论齐名，同时位列 20 世纪 20 项重大科学发现之一的数学成果——分形几何。我们都知道，地图上的科学发现是很多的，如四色定理（Four color Theorem）、板块理论（Plates Tectonic Theory），同样的，分形几何的发现也来自于地图。（展现英国地图）

T：怎么能准确知道英国的海岸线有多长？

S：测量。

T：拿什么工具量？

S：（讨论之中……）可以拿米尺、卷尺，也可以卫星测量等。

T：有什么困难没有？

S：海岸线太不规则了，尺子不好靠上去读数。

T：还有一个困难，不知大家注意到没有？如果刚好测量好结果的时候，又有一块石头被冲到了海边，需要重新测量吗？

S：不需要。

S：大石头就需要。

T：其实这个问题实际上就是测量工具的问题了。如果采用单位是毫米级的尺子，一个小石头肯定都要计入；如果采用单位是百米级的尺子，我想，这个石头无关紧要。但是，两者的结果肯定不同，这就不好办了！英国的海岸线究竟多长？这个问题太难了不是吗？

这个问题在数学上可以理解为：用折线段拟合任意不规则的连续曲线是否一定有效。这个问题的提出实际上是对以欧氏几何为核心的传统几何的挑战。

---

① 其中 S 代表学生发言，T 代表教师发言。

也就是说，传统的几何对这个问题不好处理啊，是不是？

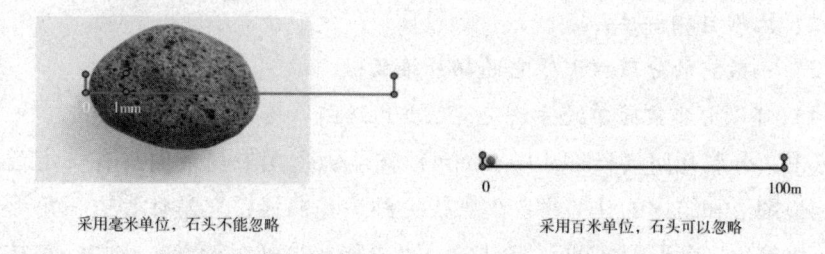

采用毫米单位，石头不能忽略　　　　　采用百米单位，石头可以忽略

图6-3　测量工具不同造成海岸线的长度不可测

学生纷纷点头称是。

T：传统欧几里得几何学的各门自然科学总是把研究对象想象成一个个规则的形体，如三角形、正方形、圆……但是我们人类生活的世界是一个极其复杂的世界，你们能举出几个类似的例子吗？

S：例如，坑坑洼洼的地面、地震的波动曲线、树叶的叶脉、河流、血管等。

T：对的，这些图形的特点是：极不规则或极不光滑。这些与欧几里得几何图形相比，拥有完全不同层次的复杂性。展示图形：

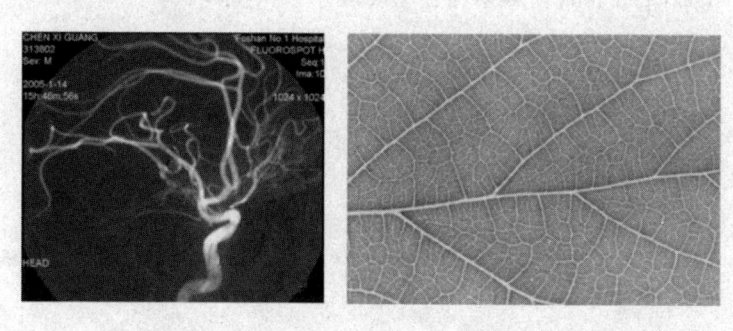

图6-4　血管的长度、树叶叶脉的长度等也不好测量

T：经过科学家的思考，人们就发现了分形几何这门几何学科，专门来处理这种图形的问题，想知道这个数学家是谁吗？

S：想。

T：法国著名数学家曼德勃罗（B. Mandelbrot）是计算机和数学兼通的人物（展示照片），其对分形几何的产生起到了巨大的推动作用。他在1975年、1977年和1982年先后用法文和英文出版了三本书，特别是《分形——形、机遇和维数》以及《自然界中的分形几何学》，标志着分形几何的诞生。什么是分形几何？尽管目前还没有一个让各方都满意的分形定义，但在数学上大家都认为分形有以下几个特点：

(1) 具有无限精细的结构；

(2) 比例自相似性；

(3) 一般它的分数维大于它的拓扑维数；

(4) 可以由非常简单的方法定义，并由递归、迭代产生等。

板书：分形几何（Fractal Geometry）就是研究无限复杂但具有一定意义下的自相似图形和结构的几何学。例如，一种雪花曲线，它是在等边三角形的边上再分出等边三角形形成的，如图 6-5。再如一片蕨树树叶，它的一小枝放大后与原树叶完全相似图，如图 6-6。

T：怎样对分形的图形分类呢？分形可分为两种：一类是几何分形，它不断重复同一种花样图案，如 Koch 曲线（图 6-7）、DNA 结构等；另一类是随机分形，如海岸线、闪电放电通道、高山表面、云团边线、地震波的波动曲线、生姜根等，无论怎样放大其局部，它总是曲折而不光滑，连续而不可微。可以说，分形几何是真正描述大自然的几何学，它的理论与传统的欧几里得几何（Euclid geometry）完全不同，也与其他的微分几何（Differential geometry）、高等几何（Higher geometry）等不同，需要数学家从头建立。

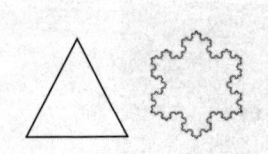

图 6-5 雪花曲线 　　图 6-6 蕨树树叶 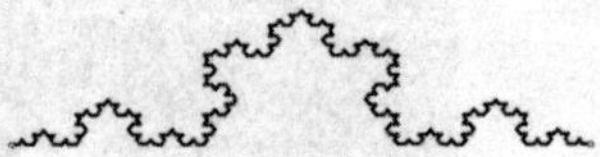　　图 6-7 四级 Koch 雪花曲线的一部分

图 6-8 云朵图案是一种随机分形

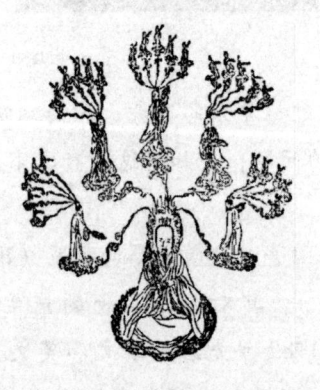

图 6-9 中国古代的佛教、道教中亦有相当多艺术作品有分形味道

2. 深入领略分形几何的一个例子

T：关于图形层次的无限精细性，大家可能没有较为深入的理解，下面我们举一个例子来理解，好不好？

S：好！

T：看图。（演示软件 Fractal extreme 32 – bit）

T：可以连续观看无限精细性，叹为观止。漂亮吗？

S：漂亮。

T：哪位同学可以上来操作一下计算机，放大你想要放大的地方？

S：让我来，我来（一片混乱）。（教学高潮来临）

T：好玩吗？

S：太好玩了。

T：今后有机会深造的同学在这一方面将可以接触到更多的分形图形，甚至可以自己构造这样的图像。这个图像具有哪些特点？请同学们想一想。

S：从图像上看这个图具有无限精细的结构，随意放大千万倍之后永远都有图像；另外从图像上看它好像具有比例自相似性。

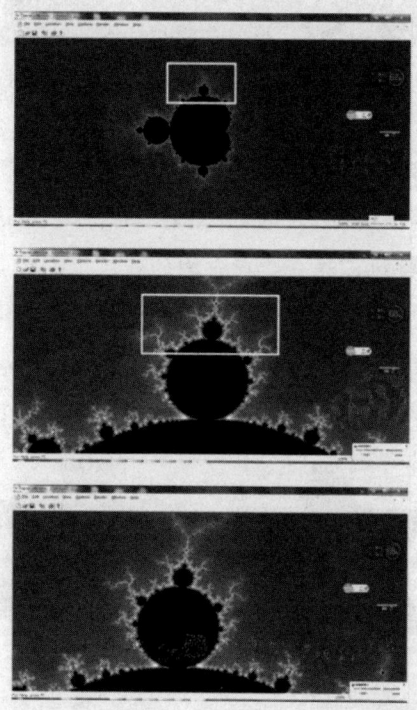

图 6 – 10　连续放大分形图像，获得视觉美感与科学思想萌芽

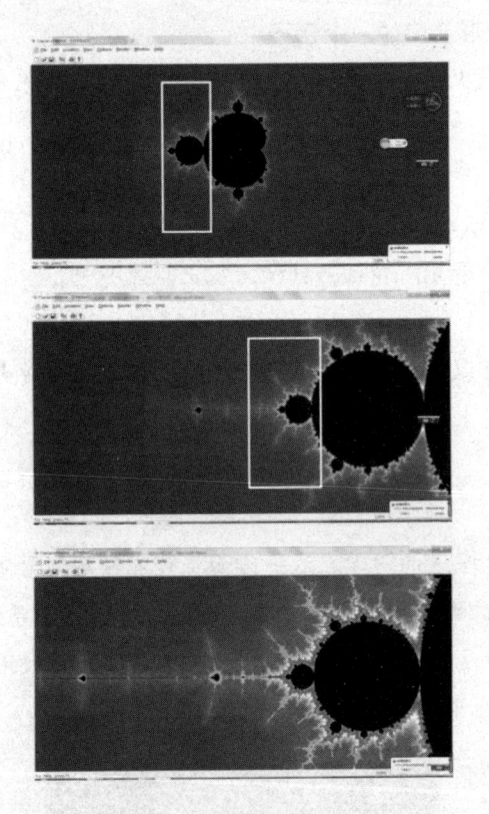

图 6-11 学生自选区域放大

T：完全正确，实际上它还可以由一定的规则迭代产生。这个图像比较复杂，我们来看一个简单一点的——Koch 雪花曲线，它是这样形成的：假设正三角形是 A_1，将 A_1 的每条边三等分，在中间的线段上向外作正三角形，去掉中间线段后所得到的图形记为 A_2，重复以上的过程，对 A_2 的每边进行操作得 A_3，对 A_3 的每边操作得 A_4，……

（用几何画板演示生成过程，主要展示漂亮图像，并且略微介绍迭代过程）

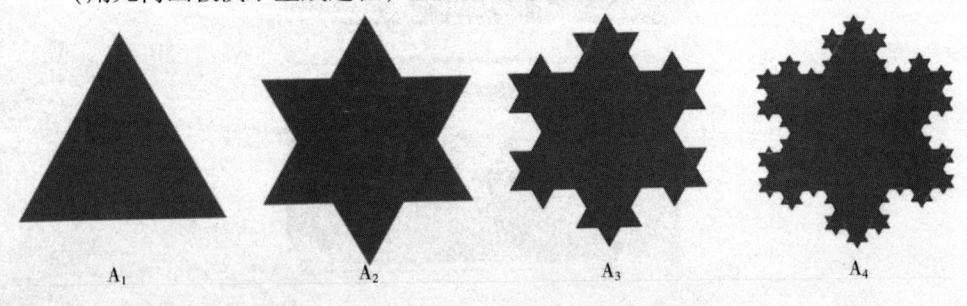

图 6-12 几何画板生成的 Koch 雪花曲线

T：为什么叫分形？现在可以解释成："一个粗糙或零碎的几何形状，可以分成数个部分，且每一部分都（至少近似地）是整体缩小后的形状。"

S：原来如此。

3. 一个分形几何中的计算

T：我们来具体计算一个有意思的题目，图6-12的Koch雪花曲线中，假设A_1的边长为1，你能算出A_4的周长吗？

S：一下是看不出来的，我们试一试看规律找出答案。

表6-2　看规律找出答案

图形 A_i	周长 L_i	与前一项的关系
A_1	3	
A_2	$\frac{1}{3} \times 4 \times 3 = 4$	$L_2 = \frac{4}{3} L_1$
A_3	$\frac{1}{9} \times 4^2 \times 3 = \frac{16}{3}$	$L_3 = \frac{4}{3} L_2$

通过上面的归纳，不难得出周长成等比数列，从而得出答案。

T：这其实是1999年全国初中数学竞赛试题，当这个曲线生长无限次时，周长越来越长，但是面积是有限的，同学们看得出来吗？

S：似乎比一个圆的面积要小。

T：你的直觉是对的，用几何画板演示发现：面积小于A_1外接圆的面积，即无限的周长围起一个有限的面积。大自然如此奇妙，使得我们对数学美有了一个重新的认识。

4. 课堂练习

T：下面同学们来计算一道习题，请你根据课堂上Koch雪花曲线的生成规律，求出A_4的面积。（过程与答案略）

5. 归纳总结

T：同学们，这节课我们学习了分形几何的一些简单知识，分形几何的产生是计算机技术与数学的交叉点上产生的新学科，它被列为20世纪20项重大科学发现之一，你能说说你有什么收获吗？

S：分形几何是描述大自然的一种几何。

S：分形的图形具有无限精细性。

S：……

T：大家说的都有道理，我觉得，分形几何被发现的地方是挺有意思的，就是在地图上。只要大家细心观察，也许你就能从你的视角发现一些新东西。下课。

6. 课外习题选解

（1）图 6-13 是树形图，第一层是一条与水平线垂直的线段，长度为 1；第二层在第一层线段的前端作两条与第一层成 135°角的线段，长度为其一半；第三层按第二层的方法在每条线段的前端生成两条线段；重复前面的作图方法至第 n 层。设树的第 n 层的最高点到水平线的距离为 n 层的树形图的高度。

① 求第三层及第四层的树形图的高度；

② 求第 n 层的树形图的高度 H_n（n 为偶数）；

③（极限知识，未学习时不做）求 $\lim\limits_{n \to +\infty} H_n$。

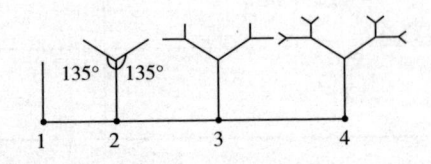

图 6-13 树形图

（2）将正三角形 ABC 分割成 n^2（$n \geqslant 2$，$n \in \mathbf{N}$）个全等的小正三角形，图 6-14 分别给出了 $n=2, 3$ 的情形，在每个三角形的顶点各放置一个数，使位于三角形 ABC 的三边及平行于某边的任一直线上的数（当数的个数不少于 3 时）都分别成等差数列。若顶点 A，B，C 处的三个数互不相同且和为 1，记所有顶点上的数之和为 $f(n)$，则有：$f(2) =$ _____，$f(3) =$ _____，$f(n) =$ _____。

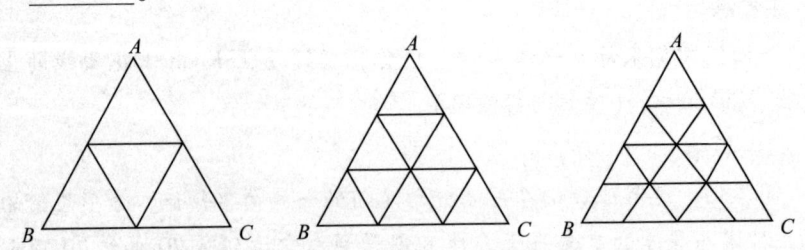

图 6-14 正△ABC 分割成 n^2 个全等的小正三角形

7. 课外学习资料提供

王贤华编著的《分形几何简介》。

第七章 数学文化发展案例：回归直线方程[①]

[①] 本章内容获得2019年四川省中学数学优秀论文评选一等奖，有增删。

数学究竟有什么样的地位和作用？

20世纪80年代新版的《不列颠百科全书》将人类文化知识进行分类，数学占其中一类，这充分确定了数学在人类文化中的独立地位。法国科学家孔德（Auguste Comte）认为：按照"通用性和使用工具的复杂性越来越小，研究调查的现象越来越复杂"的角度，对科学领域可以进行排名，其顺序是：数学→天文学→物理学→化学→生物学→社会学。由此可见数学的重要地位。

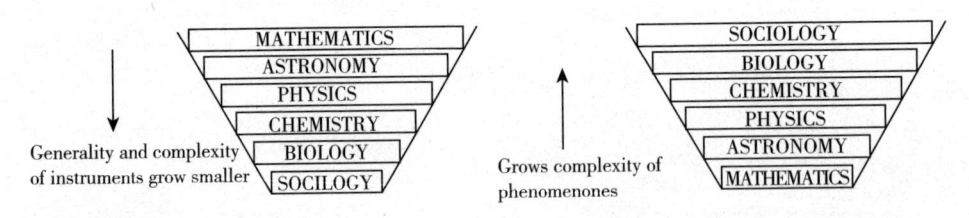

图7-1 孔德科学领域的排名

数学的用处又体现在哪里呢？中国科学院院士田刚认为：可以说数学是不以"有用"为研究的原点，实际上却又是极为"有用"的学科。数学的基础性、引领性使得它在科学研究中处于独一无二的核心地位，它对一个国家、一个民族长远发展的影响是深远的、至关重要的。虽然许多数学问题来源于生活，有实际的现实需要，但基础数学研究的最初目的往往不是为了功利，而是纯学术性的，如欧几里得几何、黎曼几何的研究和发展，最后却意外获得特别的效果和重要的应用。信息社会的发展更是离不开数学。

数学对社会的作用常常有滞后的特点，也就是说，数学的发展在前，它能起的作用甚至可能在几百年之后。比如我们当今的社会是信息社会，信息社会有海量信息需要传递，那么信息是怎么转化为基于交流电的正弦或余弦信号传来传去的？怎么实现不同品质传递的快速切换呢？比如音乐的品质从低到高常常被分为流畅品质、标准品质、无损品质等；电视画面的品质从低到高常被分为标清、高清、超清等。

这里，两百多年前的法国数学家傅立叶发现的傅立叶变换就能起到重要的作用。傅立叶变换能将任何周期函数用正弦函数和余弦函数构成的无穷级数来表示。推论就是：任何函数都可以用正弦函数和余弦函数来近似模拟。这原理看起来很抽象，似乎没有什么用处，傅立叶19世纪初在发现这个规律时也没有想过有什么重要的作用，当时的社会也没有交流电。但是在现代社会，无论你在听什么歌曲，还是上网收看视频，傅立叶变换都在背后默默地起着重大作用。而且通过傅立叶变换等很容易实现分级别的近似模拟，比如要实现音乐或者图片品质的提高，只需要将模拟表达的函数级数多写几项即可。

一般说来，数学的强盛对于一个国家的综合国力提升起着非常大的推动作用。中国著名数学家、原武汉大学校长齐民友先生曾说过两句重要的观点：一是一种没有相当发达的数学文化是注定要衰落的，一个不掌握数学作为一种文化的民族也是注定要衰落的；二是没有现代的数学就不会有现代的文化，没有现代数学的文化是注定要衰落的。

我国著名的数学史专家李文林先生经常谈到一个观点，那就是，谁不尊重历史，谁就会被历史抛弃，他梳理世界近代史后认为，大国崛起与数学有着直接的关系，研究科学史的学者们发现：数学发达中心与经济发达中心在地理上总是相吻合的。从近现代西方国家的历史看文艺复兴时期的意大利，其曾是当之无愧的数学中心；这种地位在17世纪转移到了英国。英国资产阶级革命既带来了英国的海上霸权，也造就了牛顿学派；经过18世纪的法国大革命，法国数学取代英国而雄踞欧洲之首，这种优势一直持续到19世纪70年代；随着德国资产阶级统一运动的完成，德国数学起而夺魁；第二次世界大战以后，美国又跃为西方的数学大国。[1]

由于数学是整个科学技术发展的基础，所以世界上的科技强国都依托强大的基础数学研究推动整个社会的飞速发展。其实，文化水平与国力强弱之间的关系大致就像鸡与蛋的关系，鸡可以生蛋，蛋也可以孵出鸡，两者相互促进，数学文化水平高低与国力强弱的关系也是这样。很多发达国家在国家层面上非常认可和重视数学文化，从而促进了综合国力的提升，综合国力的提升反过来又促进了数学文化的发展，两者形成良性互动的发展模式。

中华民族擅长数学，历史上曾长期位居世界数学的发展主流，为中华民族的繁衍生息提供了强大的数学基础。张鸿林、杜小杨、夏墨英认为：数学是中华民族擅长的学科。中国古代数学有过辉煌的成就，长期处于世界领先地位，只是到了明朝以后才逐渐停滞并远远地落后了。近100多年以来，经过几代人的不懈努力，我国数学取得了重大进步，在某些领域涌现出了一批世界一流的数学家。[2] 所以我们有理由相信，经过若干代中国人的奋斗，我们一定可以在数学领域取得更大的成就。

---

[1] 李文林. 数学与产业革命 [N]. 科技日报，1987-12-24.
[2] 《数学百科全书》编译委员会. 数学百科全书：第5卷 [M]. 北京：科学出版社，2000：967.

我国著名物理化学家卢嘉锡先生认为：中国古代科学技术是祖先留给我们的一份丰厚的科学遗产，它已经表明中国人在研究自然并用于造福人类方面，很早而且在相当长的时间内就已雄居于世界先进民族之林，这当然是值得我们自豪的巨大源泉，而近三百年来，中国科学技术落后于世界科学技术发展的潮流，这也是不可否认的事实，自然是值得我们深省的重大问题。理性地认识这部兴盛与衰落、成功与失败、精华与糟粕共存的中国科学技术发展史，引以为鉴，温故知新，既不陶醉于古代的辉煌，又不沉沦于近代的落伍，克服民族沙文主义和虚无主义，清醒地、满怀热情地弘扬我国优秀的科学技术传统，自觉地和主动地缩短同国际先进科学技术的差距，攀登世界科学技术的高峰，这些就是我们从中国科学技术史全面深入的回顾与反思中引出的正确结论。[①]

我们有必要领会近现代与中国传统数学不同的数学文化，本章我们重温一段外国的数学历史，从中领会近现代外国数学文化的发展历史与我国传统数学文化发展的不同之处，并根据相关知识得出关于教学的一些启示和建议。也就是说，本章旨在第六章的基础上再谈数学文化发展的案例。

现行高中数学教材只要求利用最小二乘法求回归直线方程，但在18世纪却产生过两种求回归直线方程的方法：一是波斯科维奇（B. J. Boscovitch）发现的最小一乘法，二是由勒让德（Adrien – Marie Legendre）独立发现、高斯（Johann Carl Friedrich Gauss）完善的最小二乘法，它们之中含有丰富的数学文化，某些情况下最小一乘法求出的回归方程更优。通过回归直线方程的教学，可以培养学生的逻辑推理、数学建模、数学运算、数据分析4个核心素养。本章对于高中数学教师落实"讲背景、讲过程、讲应用、讲历史、讲思想、讲文化"的教学观，落实核心素养培养点有辅助作用。[②]

[①] 杜石然. 中国科学技术史：通史卷［M］. 北京：科学出版社，2003：总序.
[②] 相关观点曾在第四届数学史与数学教育国际研讨会上宣读.

第一节 最小一乘法

18 世纪末至 19 世纪初，西方资本主义国家积极开拓海外市场并掠夺海外财富，成本低廉的海运成为远途运输方式的必然选择。远洋航行需要准确的参考系，不易受海洋影响的天体和地面标志物成为人们的选择。为此，很多数学家投入到天体测量和大地测量的工作之中。但是由于各种原因，获得的数据有很多偏差，如何从有误差的数据中得到尽可能正确的结果？如何处理这些数据误差？

假设观测到两个变量的观测值 (x_i, y_i) $(i = 1, 2, \cdots, n)$ 的散点图大致在一条直线附近（图7-2），我们就可以利用直线 $y = \beta x + \alpha$ 来描述这两个变量之间的关系。

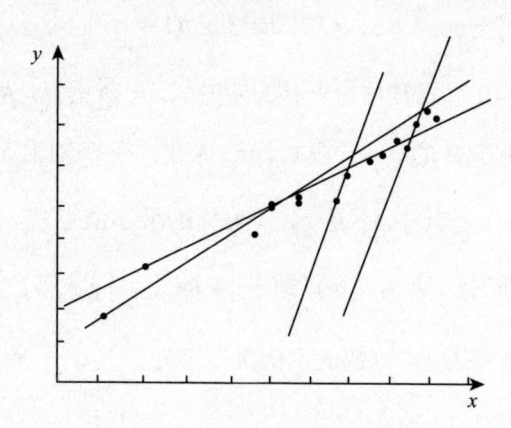

图 7-2 n 组观测数据的散点图

由于一般不存在一条过所有观测点的直线，所以需要找到一条"最恰当的"直线，使得所有的点都近似地看作在这条直线上，我们称这条直线为回归直线。

直线方程 $y = \beta x + \alpha$ 中，β 的几何意义就是斜率，α 的几何意义是纵截距。

我们把利用模型 $\hat{y}_i = \beta x_i + \alpha$ 计算得出的 $\hat{y}_i$ 叫作预报值，而 y_i 本身（$i=1$, 2, …, n）叫作观测值，y_i 与 $\hat{y}_i$ 的差称为残差，记为 e_i，即 $e_i = y_i - \hat{y}_i$.

问题的关键是如何选择标准，使得这条直线是"最恰当的"[①]。数学家们为此展开了几十年甚至上百年的探索，主要得到两种方法，一种是由意大利数学家波斯科维奇发现的最小一乘法，另一种是由法国数学家勒让德独立发现、德国数学家高斯完善的最小二乘法。

自 1755 年起，意大利数学家波斯科维奇（B. J. Boscovitch）投身于地球子午线长的问题研究，在 1760 年提出最小一乘法准则（Least absolute deviation）[②]。后来，最小一乘法在法国数学家拉普拉斯（Pierre–Simon Laplace）的大力推广下得到普及。

波斯科维奇认为：这个问题的核心就是求得系数 β, α，

使得 $\sum_{i=1}^{n} |e_i|$ (1)

取得最小值。由于（1）式与 $y_i - \hat{y}_i$ 的一次方有关，故名最小一乘法。其过程如下[③]：

首先对 β, α 加以约束，使得回归直线 $y = \beta x + \alpha$ 经过给定的点 (x_1, y_1)，即 $y_1 = \beta x_1 + \alpha$，作平移变换

$$x'_i = x_i - x_1,\ y'_i = y_i - y_1 (i = 1, 2, \cdots, n) \qquad (2)$$

这样就可以把（1）式转化为求 β，使 $f(\beta) = \sum_{i=1}^{n} |y'_i - \beta x'_i|$ 取得最小值。

由于 $f(\beta)$ 是关于 β 的 $n+1$ 段折线凸函数，在 β 轴上，每个折点坐标为 $\dfrac{y'_i}{x'_i}(i=1, 2, \cdots, n)$（其中 $\dfrac{y'_i}{x'_i}$ 是 $|y'_i - \beta x'_i|$ 的最小值点）。不失一般性，可设 $x'_i \neq 0 (i \geq 2)$。事实上，若 $x'_i = 0$，则 $|y'_i - \beta x'_i| = |y'_i|$ 与 β 无关，可将这一项剔除，其余 $x'_i \neq 0$。不妨按 $\dfrac{y'_i}{x'_i}$ 的大小依次排序为：$\dfrac{y'_{i_2}}{x'_{i_2}} \leq \dfrac{y'_{i_3}}{x'_{i_3}} \leq \cdots \leq \dfrac{y'_{i_n}}{x'_{i_n}}$，由此得到 x'_i 的一个排序：x'_{i_2}, x'_{i_3}, $\cdots$, x'_{i_n}。设 $\beta_{(k)} = \dfrac{y'_{i_k}}{x'_{i_k}} (k = 2, 3, \cdots, n)$，$M =$

[①] 英文对这个词的描述是"best fit"。
[②] 陈希孺. 数理统计学简史 [M]. 湖南：湖南教育出版社，2002.
[③] 苗利，曹秀坤，程素梅. 介绍一种新的回归方法：最小一乘法 [J]. 江苏环境科技，1997 (1): 18.

$\sum_{k=2}^{n}|x'_{i_k}|$，若存在一个正整数 r，使得 $\begin{cases}\sum_{k=2}^{r}|x'_{i_k}| \geq \dfrac{M}{2} \\ \sum_{k=2}^{r-1}|x'_{i_k}| < \dfrac{M}{2}\end{cases}$，则取得直线的斜率为 $\beta_{(r)}$，从而所求的初始回归直线为：

$$y - y_1 = \frac{y'_{i_r}}{x'_{i_r}}(x - x_1) = \beta_{(r)}(x - x_1) \qquad (3)$$

此时若记 $\beta_1 = \dfrac{y'_{i_r}}{x'_{i_r}}$，则偏差的绝对值之和 $f(\beta) = \sum_{i=1}^{n}|y'_i - \beta x'_i| = f(\beta_1)$ （4）

这时记刚才所得的回归直线为 $l_1 : y = \beta_1 x + \alpha_1$，它会经过所给数据的另一点 (x_2, y_2)（证明略），重复刚才（2）(3)(4) 的步骤，可求得另一组数据 β_2，α_2 以及 $f(\beta_2)$，我们称从 β_1 到 β_2 为一次"迭代"。由前面 $\dfrac{y'_{i_2}}{x'_{i_2}} \leq \dfrac{y'_{i_3}}{x'_{i_3}} \leq \cdots \leq \dfrac{y'_{i_n}}{x'_{i_n}}$，可以知道 $f(\beta_2) < f(\beta_1)$.

继续迭代，直到找到一点 (x_t, y_t)，使得经过它的回归直线也经过 (x_{t-1}, y_{t-1})（即上一次迭代经过的点）。此时再迭代将会产生重复直线，所以迭代终止，对应的偏差 $f(\beta_t)$ 最小，这条直线的方程就是最终所求的最小一乘法回归直线。

下面我们利用最小一乘法具体求出一条回归直线方程，数据如表 7-1。

表 7-1 原始数据

x	1	4	10	6
y	2	5	13	8

步骤一：先让回归直线过任意一点 $(1, 2)$，然后作代换 $x'_i = x_i - 1$，$y'_i = y_i - 2$（$i = 1, 2, 3, 4$），新数仍然用 x，y 表示，如表 7-2：

表 7-2 第一次变换后得到的数据

x	0	3	9	5
y	0	3	11	6

此时回归直线方程已变为 $y = \beta x$，目标函数使 $f(\beta) = |3-3\beta| + |11-9\beta| + |6-5\beta|$ 最小。在 β 轴上，每个折点坐标为 $1, \frac{11}{9}, \frac{6}{5}$，按折点坐标大小依次重新排序为：$1, \frac{6}{5}, \frac{11}{9}$，由此得到对应 x'_i 的一个排序：3, 5, 9。M

$= 3 + 5 + 9 = 17$，$\begin{cases} \sum_{k=2}^{r} |x'_{i_k}| \geq \frac{M}{2} \\ \sum_{k=2}^{r-1} |x'_{i_k}| < \frac{M}{2} \end{cases} \Leftrightarrow \begin{cases} 3 + 5 + 9 > \frac{17}{2} \\ 3 + 5 < \frac{17}{2} \end{cases}$，即取 $r = 3$，所以第一次所

求的直线为：$y - 2 = \frac{11}{9}(x - 1) \Leftrightarrow y = \frac{11}{9}x + \frac{7}{9}$。

步骤二：记 $\beta_1 = \frac{11}{9}$，$l_1: y = \frac{11}{9}x + \frac{7}{9}$，发现它过另一点 (10, 13)，偏差的绝对值之和 $f(\beta_1) = \left|5 - \frac{51}{9}\right| + |13 - 13| + \left|\frac{73}{9} - 8\right| = \frac{7}{9}$。

重新做第二次变换 $x'_i = x_i - 10$，$y'_i = y_i - 13$（$i = 1, 2, 3, 4$）得表 7-3：

表 7-3 第二次变换后得到的数据

x	-9	-6	0	-4
y	-11	-8	0	-5

目标函数使 $f(\beta) = |-11 + 9\beta| + |-8 + 6\beta| + |0 - 0\beta| + |-5 + 4\beta|$ 最小。在 β 轴上，每个折点坐标为 $\frac{11}{9}, \frac{4}{3}, \frac{0}{0}, \frac{5}{4}$。将 $\frac{0}{0}$ 这一项剔除，按折点坐标大小依次排序为：$\frac{11}{9}, \frac{5}{4}, \frac{4}{3}$，由此得到对应 x'_i 的一个排序：-9, -4, -6。M

$= 9 + 4 + 6 = 19$，$\begin{cases} \sum_{k=2}^{r} |x'_{i_k}| \geq \frac{M}{2} \\ \sum_{k=2}^{r-1} |x'_{i_k}| < \frac{M}{2} \end{cases} \Leftrightarrow \begin{cases} 9 + 4 > \frac{19}{2} \\ 9 < \frac{19}{2} \end{cases}$，即取 $r = 2$，则第二次所求的

直线为：$y - 13 = \frac{5}{4}(x - 10) \Leftrightarrow y = \frac{5}{4}x + \frac{1}{2}$。

步骤三：记 $\beta_2 = \frac{5}{4}$，$l_2: y = \frac{5}{4}x + \frac{1}{2}$ 过另一点 (6, 8)，偏差的绝对值之和 $f(\beta_2) = \left| 2 - \frac{7}{4} \right| + \left| 5 - \frac{22}{4} \right| = \frac{3}{4}$. 可以看到 $f(\beta_2) < f(\beta_1)$，回归直线已经得到优化。

重新做第三次变换 $x_i' = x_i - 6$，$y_i' = y_i - 8$ ($i = 1, 2, 3, 4$) 得表 7-4：

表 7-4 第三次变换后得到的数据

x	-5	-2	4	0
y	-6	-3	5	0

目标函数使 $f(\beta) = |-6 + 5\beta| + |-3 + 2\beta| + |5 - 4\beta| + |0 - 0\beta|$ 最小。在 β 轴上，每个折点坐标为 $\frac{6}{5}, \frac{3}{2}, \frac{5}{4}, \frac{0}{0}$. 将 $\frac{0}{0}$ 这一项剔除，按折点坐标大小依次排序为：$\frac{6}{5}, \frac{5}{4}, \frac{3}{2}$，由此得到对应 x_i' 的一个排序：$-5, 4, -2$。$M = 5 + 4 + 2 = 11$，$\begin{cases} \sum_{k=2}^{r} |x_{i_k}'| \geq \frac{M}{2} \\ \sum_{k=2}^{r-1} |x_{i_k}'| < \frac{M}{2} \end{cases} \Leftrightarrow \begin{cases} 5 + 4 > \frac{11}{2} \\ 5 < \frac{11}{2} \end{cases}$，即取 $r = 2$，则第三次所求的回归直线为：$y - 8 = \frac{5}{4}(x - 6) \Leftrightarrow y = \frac{5}{4}x + \frac{1}{2}$. 经检验它过上一次迭代的点 (10, 13)，已经达到停止迭代的条件，对应直线就是前面的 l_2.

综上，最小一乘法求出的回归直线为 $y = \frac{5}{4}x + \frac{1}{2}$.

从上可以看出：最小一乘法求出的回归直线一定会过两个样本点（图 7-3）；由于目标函数不可导，计算较为困难，所以在提出后的约 200 年中几乎没有发展。直到二十世纪五六十年代，由于计算数学的兴起和计算机软件技术的发展，最小一乘法才越来越受到统计学家的重视。

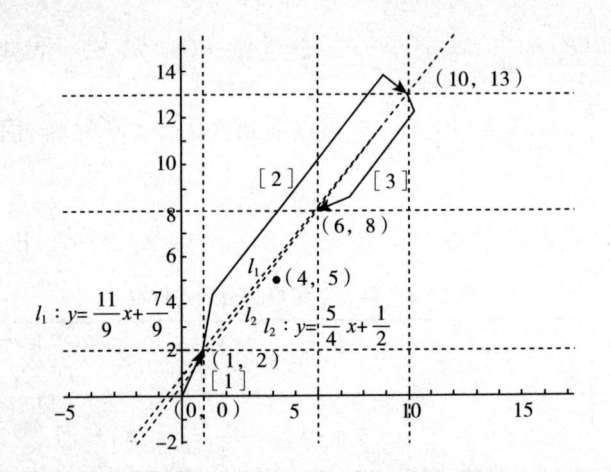

图 7-3 最小一乘法求解的过程

提问：如果第一次计算不以（1，2）为初始点进行计算，结果是否会有所不同？请读者思考。

第二节 最小二乘法

为了整体上利用每一个观测数据，把使得 $\sum_{i=1}^{n} e_i^2$ 最小时求得 β, α 的过程叫作最小二乘法（Least squares method，以下简称 LSM）。最小二乘法是从天文学和大地测量学领域发展起来的，很多数学家前赴后继地为这个问题贡献了智慧，如数学家欧拉（L. Euler）、拉普拉斯（P. S. Laplace）等。早期这些数学家致力于解出上百个矛盾的线性方程组而忽视了整体的均衡性，弄不清楚误差在各方程之间的分布，所以方法往往含有漏洞和缺陷。现代的 LSM 是法国数学家勒让德（Adrien-Marie Legendre）于1805年在其著作《计算彗星轨道的新方法》的附录中提出的，他考虑使得目标函数 $f(x_i, y_i) = e_i^2 = [y_i - (\beta x_i + \alpha)]^2$ 最小的原则去求解，不使误差过分集中在几个方程内，而是让它比较均匀地分布于各方程，获得了成功。

中国人民教育出版社教科书选修2-3使用配方法得出参数 β 与 α 的估计值[1]，对于优等生可以考虑介绍偏导数法的证明[2]，笔者经过两届学生的试验，发现学生可以接受，过程如下[3]：

设 $f(x_i, y_i) = e_i^2 = [y_i - (\beta x_i + \alpha)]^2$，所以 f 对 β 的偏导数 $\dfrac{\partial f}{\partial \beta} = -2x_i(y_i - \beta x_i - \alpha) = 0$，$(i=1, 2, \cdots, n)$.

将以上 n 个式子相加，得到 $\sum_{i=1}^{n} x_i y_i - \beta \sum_{i=1}^{n} x_i^2 - n\alpha \bar{x} = 0$； (5)

---

[1] 人民教育出版社课程教材研究所，中学数学课程教材研究开发中心. 普通高中课程标准实验教科书：数学 选修2-3 [M]. 北京：人民教育出版社，2009：80.

[2] 勒让德和高斯都曾利用这个方法得到了方程 (7)。

[3] KALOYEROU P N. Basic Concepts of Data and Error Analysis [EB/OL]. Springer International Publishing AG，part of Springer Nature 2018. https://doi.org/10.1007/978-3-319-95876-7_4，61-70.

又令 f 对 α 的偏导数 $\dfrac{\partial f}{\partial \alpha} = -2(y_i - \beta x_i - \alpha) = 0$ ($i = 1, 2, \cdots, n$)；

将以上 n 个式子相加，得到 $n\bar{y} - \beta n\bar{x} - n\alpha = 0$，即 $\alpha = \bar{y} - \beta \bar{x}$； (6)

由（5）（6）共同解得：

$$\begin{cases} \hat{\beta} = \dfrac{\sum\limits_{i=1}^{n}(x_i - \bar{x})(y_i - \bar{y})}{\sum\limits_{i=1}^{n}(x_i - \bar{x})^2} = \dfrac{\sum\limits_{i=1}^{n}x_i y_i - n\bar{x}\bar{y}}{\sum\limits_{i=1}^{n}x_i^2 - n\bar{x}^2}, \\ \hat{\alpha} = \bar{y} - \beta\bar{x} \end{cases} \quad (7)$$

特别的，方程（7）的第一个公式前后并没有约分，所以：

$$\hat{\beta} = \dfrac{\sum\limits_{i=1}^{n}x_i y_i - n\bar{x}\bar{y}}{\sum\limits_{i=1}^{n}(x_i - \bar{x})^2} = \dfrac{\sum\limits_{i=1}^{n}(x_i - \bar{x})(y_i - \bar{y})}{\sum\limits_{i=1}^{n}x_i^2 - n\bar{x}^2}, \quad (8)$$

这样，计算 β 的公式实际上有四个。

由（6）可知回归直线不一定过其中某一个样本点，但一定过 $(\bar{x}, \bar{y})$ 这一个样本中心点。

勒让德的故事启示我们，在科研中观念上的革新和突破是如何的不容易。一经勒让德点破，我们会感到事情理所当然，但在没有发现以前，许多大数学家努力了几十年也无功而返[1]。

德国著名数学家高斯（Johann Carl Friedrich Gauss）除了独立得到勒让德方程（7）的结果，而且另有更大的贡献。他在 1809 年出版的著作《关于绕日行星运动的理论》的末尾，写了一节有关"数据结合"的问题，以极其简单的手法确立了随机误差的概率分布，即正态分布，并用最小二乘法进行了验证，其过程为[2]：

设误差的概率密度函数为 $h(x)$，高斯想办法来解出这个 $h(x)$。令 n 个独立观测值为 x_i，$i = 1, 2, \cdots, n$，而真实值只有一个为 x，每一个测量的误差的概率应该与 $x_i - x$ 有关，由于每一个观测值相互独立，因而整体误差密度的概率为：

---

[1] 陈希孺. 数理统计学小史：最小二乘法 [J]. 数理统计与管理, 1998 (6): 56-62.
[2] 徐传胜, 张梅东. 正态分布两发现过程的数学文化比较 [J]. 纯粹数学与应用数学, 2007 (1): 139.

$$P(x) = h(x_1 - x)h(x_2 - x)\cdots h(x_n - x) \tag{9}$$

高斯认为，最有希望的误差密度函数当且仅当 $P(x)$ 达到极大值（极大似然），而且 $\bar{x}$ 就是 x 的估计值。

于是对（9）两边取自然对数，得 $\ln P(x) = \sum\limits_{i=1}^{n} \ln h(x_i - x)$，

求微分得 $\dfrac{\mathrm{d}\ln P(x)}{\mathrm{d}x} = \sum\limits_{i=1}^{n} \dfrac{h'(x_i - x)}{h(x_i - x)}$，记 $g(x) = \dfrac{h'(x)}{h(x)}$，那么由于 $P(x)$ 达到极大值，所以 $\sum\limits_{i=1}^{n} g(x_i - x) = 0$，对 x_i 求偏导数，当 $i \neq n$ 有：

$\dfrac{\partial g}{\partial x_i} + \dfrac{\partial g}{\partial x_n}\dfrac{\partial x_n}{\partial x_i} = 0$，而 $\sum\limits_{i=1}^{n} x_i - n\bar{x} = 0$ 推出 $\dfrac{\partial x_n}{\partial x_i} = -1$，

所以 $\dfrac{\partial g}{\partial x_i} = \dfrac{\partial g}{\partial x_n}$，即 $\dfrac{\partial g}{\partial x_i} = c$，其中 c 为常数，从而可得 $g(x) = cx + b$，所以：

$$\sum_{i=1}^{n} g(x_i - x) = \sum_{i=1}^{n} [c(x_i - x) + b] = c\sum_{i=1}^{n}(x_i - x) + nb = 0.$$

又因为 $\sum\limits_{i=1}^{n}(x^i - x) = 0$，所以 $b = 0$，从而 $g(x) = \dfrac{h'(x)}{h(x)} = cx$，求积分得：$h(x) = k\mathrm{e}^{\frac{1}{2}cx^2}$，由于密度函数满足 $\int_{-\infty}^{+\infty} h(x)\mathrm{d}x = 1$，所以 $c < 0$，取 $c = -\dfrac{1}{\sigma^2}$，可得 $k = \dfrac{1}{\sqrt{2\pi}\sigma}$，故有：

$$h(x) = \dfrac{1}{\sqrt{2\pi}\sigma}\mathrm{e}^{-\frac{x^2}{2\sigma^2}}, \tag{10}$$

这就是正态分布 $N(0, \sigma^2)$ 的密度函数。进一步可得：

$$P(x) = \left(\dfrac{1}{\sqrt{2\pi}\sigma}\right)^n \mathrm{e}^{-\frac{1}{2\sigma^2}\sum\limits_{i=1}^{n}(x_i - x)^2}. \tag{11}$$

通过（11）式可以说明，要使得 $P(x)$ 极大，必须使得 $\sum\limits_{i=1}^{n}(x_i - x)^2$ 达极小值。

也就是说，高斯不仅仅得到了最小二乘法的相关公式，还引进了正态分布的密度函数，在理论上解释了为什么要使得目标函数 $\sum\limits_{i=1}^{n}(x_i - x)^2$ 达到极小值。

1801 年 1 月，意大利天文学家朱塞普·皮亚齐（Giuseppe Piazzi）观测到了

一颗从未见过的，现在被称作谷神星（Ceres）的小行星，它出现6个星期就旋转到太阳的背后失去了踪影。当时全世界的天文学家都利用皮亚齐的观测数据开始计算并疯狂地寻找谷神星，但是都没有找到。高斯以其创立的最小二乘法一个小时之内就计算出了谷神星的轨道，并预言了它在夜空中出现的时间和位置。1801年12月31日夜，德国天文学家奥伯斯（Heinrich Wilhelm Olbers），利用高斯预言的时间和地点，果然发现了谷神星，高斯一战成名。

高斯的重大成就一直延续影响到今天，没有高斯的贡献，LSM在今天的重要意义可能还不到十分之一[①]。美国统计史学家斯蒂格勒（S. M. Stigler）认为："最小二乘法之于数理统计学有如微积分之于数学。"德国慕尼黑博物馆的高斯油画像下写有："他的思想深入数字、空间、自然的最深秘密，他测量星体的路径及地球的形状和自然力，他推动了数学的进展直到下个世纪。"[②]

第一，最小二乘法与最小一乘法相比，由于目标函数是残差的平方，所以缺陷就是受异常值的影响比最小一乘法大得多，最小一乘法则有更好的稳健性，特别当数据随机误差不服从正态分布时，最小一乘法的拟合效果优于最小二乘法，不过在样本容量 n 较大时，最小一乘法计算比较复杂；第二，最小二乘法回归直线不通过任何一组数据点，而最小一乘法中必可找到连接两组数据 (x_t, y_t) 与 (x_k, y_k) 这两点的直线，所以有时直接在 n 个点形成的 C_n^2 种直线的组合之中，就可以方便地寻找出与使用最小一乘法法则结果一样的回归直线方程；第三，最小二乘法确定的 a 与 b 为显式表达式，但最小一乘法的 a 与 b 缺乏一个显式表达式。

[①] 陈希孺. 最小二乘法的历史回顾与现状 [J]. 中国科学院研究生院学报, 1998 (1): 9.
[②] 贾小勇, 徐传胜, 白欣. 最小二乘法的创立及其思想方法 [J]. 西北大学学报（自然科学版），2006 (3): 509.

第三节　关于 LSM 的几个文化注记

一、LSM 其他推导过程

共有四种方法来推导线性回归方程：投影法、偏导数法、配方法、代入法。

1. 投影法

设观测点 P_i (x_i, y_i)，$i=1, 2, \cdots, n$，如果存在一条直线 $y=\beta x+\alpha$ 通过这 n 个点，那么将满足方程组：

$$\begin{cases} \beta x_1 + \alpha = y_1 \\ \beta x_2 + \alpha = y_2 \\ \cdots \\ \beta x_n + \alpha = y_n \end{cases}, \tag{12}$$

如果记 $A=\begin{pmatrix} x_1 & 1 \\ x_2 & 1 \\ \cdots & \cdots \\ x_n & 1 \end{pmatrix}$，$X=\begin{pmatrix} \beta \\ \alpha \end{pmatrix}$，$Y=\begin{pmatrix} y_1 \\ y_2 \\ \cdots \\ y_n \end{pmatrix}$， $\tag{13}$

问题的本质就是找到一个系数矩阵 X，使得 $AX=Y$，但通常这是一个无解矛盾方程，怎么办呢？现引进函数 $H=\|Y-AX\|^2$，最好的模拟函数需要使得 H 最小。设 $e=Y-AX$，从向量的角度来看，要使得 e^2 最小，只需要 e 垂直于 AX 即可（图 7-4），也就是 e 垂直于 A，所以 $A^T e = A^T(Y-AX)=0$ 可得：

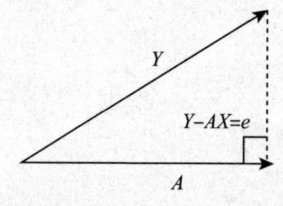

图 7-4　投影法推导回归方程

$$X = (A^T A)^{-1} A^T Y. \tag{14}$$

所以 LSM 的方法就是找到一个系数矩阵 X，使得向量 $Y - AX$ 恰好与向量 A 垂直，也就是说 Y 在 A 方向的投影恰好就是 A，其本质是矩阵 Y 所张成的向量空间到观测向量 A 的空间的欧式误差距离最小。

2. 偏导数法

本章前面（5）（6）（7）三式处提供的方法就是偏导数法。

3. 配方法

因为 α、β 是使目标函数 $\sum_{i=1}^{n} e_i^2$ 最小的参数，设 $Q(\alpha, \beta) = \sum_{i=1}^{n} e_i^2$，记

$$L_{xx} = \sum_{i=1}^{n}(x-\bar{x})^2, \; L_{yy} = \sum_{i=1}^{n}(y-\bar{y})^2,$$
$$L_{xy} = \sum_{i=1}^{n}(x-\bar{x})(y-\bar{y}), \tag{15}$$

那么有：

$$Q(\alpha,\beta) = \sum_{i=1}^{n}[y_i - (\beta x_i + \alpha)]^2 = \sum_{i=1}^{n}[(y_i - \bar{y}) - \beta(x_i - \bar{x}) + (\bar{y} - \alpha - \beta\bar{x})]^2$$
$$= \sum_{i=1}^{n}(y_i - \bar{y})^2 + \beta^2 \sum_{i=1}^{n}(x_i - \bar{x})^2 + \sum_{i=1}^{n}(\bar{y} - \alpha - \beta\bar{x})^2$$
$$- 2\beta \sum_{i=1}^{n}(x_i - \bar{x})(y_i - \bar{y}) + \Delta, \tag{16}$$

其中

$$\Delta = 2\sum_{i=1}^{n}(y_i - \bar{y})(\bar{y} - \alpha - \beta\bar{x}) - 2\beta \sum_{i=1}^{n}(x_i - \bar{x})(\bar{y} - \alpha - \beta\bar{x}) = \cdots = 0, \tag{17}$$

所以

$$Q(\alpha,\beta) = \beta^2 L_{xx} - 2\beta L_{xy} + L_{yy} + \sum_{i=1}^{n}(\bar{y} - \alpha - \beta\bar{x})^2$$
$$= L_{xx}\left(\beta - \frac{L_{xy}}{L_{xx}}\right)^2 + L_{yy} - \frac{L_{xy}^2}{L_{xx}} + \sum_{i=1}^{n}(\bar{y} - \alpha - \beta\bar{x})^2, \tag{18}$$

当且仅当 $\beta = \hat{\beta} = \dfrac{L_{xy}}{L_{xx}}, \alpha = \hat{\alpha} = \bar{y} - \beta\bar{x}$ 时，$Q(\alpha,\beta)_{\min} = L_{yy} - \dfrac{L_{xy}^2}{L_{xx}}$. \tag{19}

这个过程就是配方法，中国高中数学教科书上也介绍了这个方法，但过程与笔者的有所不同，本文介绍的是初等数学的方法，高中数学尖子生一般可以掌握。

4. 代入法

刘新文在 2008 年发现，只需通过简单地使用代入法即可得出线性回归方程的公式，现介绍如下：

$$y_i = \beta x_i + \alpha \Rightarrow x_i y_i = \beta x_i^2 + \alpha x_i, \tag{20}$$

将以上两式求累和，得出：

$$\begin{cases} \sum_{i=1}^n y_i = \beta \sum_{i=1}^n x_i + n\alpha \\ \sum_{i=1}^n x_i y_i = \beta \sum_{i=1}^n x_i^2 + \alpha \sum_{i=1}^n x_i \end{cases} \Rightarrow \begin{cases} \bar{y} = \beta \bar{x} + \alpha \\ \sum_{i=1}^n x_i y_i = \beta \sum_{i=1}^n x_i^2 + n\alpha \bar{x} \end{cases} \tag{21}$$

将上面第一式变形成为 $\alpha = \hat{\alpha} = \bar{y} - \beta \bar{x}$，代入到第二式得出：

$$\sum_{i=1}^n x_i y_i = \beta \sum_{i=1}^n x_i^2 + n(\bar{y} - \beta \bar{x})\bar{x} \Rightarrow \beta = \hat{\beta} = \frac{\sum_{i=1}^n x_i y_i - n\bar{x}\bar{y}}{\sum_{i=1}^n x_i^2 - n\bar{x}^2} \tag{22}$$

自此，两个公式已全部得出。

这个方法的优点是容易理解。

二、线性回归方程是否一定存在

通过上面的算法的结果可知，只要 $\sum_{i=1}^n (x_i - \bar{x})^2 \neq 0$，即只要不是一组完全相同的数据，一定可以算出 β、α，也就是说，线性回归方程一定存在。但是，这个线性回归方程有多大的预测意义，需要通过计算两个变量的皮尔逊相关系数来确定。当相关系数的绝对值超过 0.75 时，两个变量才具有很强的线性相关性。但是需要注意的是，即使具有很强的相关性，在理论上与认识层面上是否具有现实意义却不一定，两个变量生拉硬拽地在一起进行的相关性分析就是"伪相关"，牵强附会式地进行回归解释就是"伪回归"。

历史上就有这样的例子。英国统计学家乔治·乌德尼·尤尔（George Udny Yule）在 1926 年发现：英格兰和威尔士在 1866—1911 年间人口死亡率的年数据与英格兰所有结婚人口中到教堂举行仪式所占比例的相关系数是 0.95。也就是说，英格兰所有结婚中到教堂举行仪式所占比例越大，当年英格兰和威尔士人口死亡率越高，这有现实意义吗？没有意义，没有一个英国官员为了降低人口死亡率而提议关闭英格兰的教堂。英国计量经济学家韩德瑞（David Hendry）也发现：在英国，年累计降雨量与通货膨胀率之间有很强的正相关。也就是说，如果英国政府能够根据需要降低或升高其通货膨胀率，那么英国人就可以通过降雨或不降雨来改变气候，这多么好呀！但是这有意义吗？没有意义，因为这是根本不可能办到的。

三、最小二乘法的缺点

最小二乘法不仅可以很好地拟合两个变量的直线形式，而且还可以拟合两个变量的曲线形式。不过任何方法都有其缺点，利用最小二乘法拟合直线时对两个变量的数据要求比较高，数据的随机误差需要满足正态分布，同时当样本点中出现了异常点时（通常是这个点的残差 e_i 的绝对值较大），这时用最小二乘法拟合得到的直线的误差较大，数据的线性相关程度较弱。故一般出现异常点时，首先需要检查这个异常点是否属于数据采集方面的错误，如果数据采集没有问题，那么就考虑更换模拟函数的形式为非线性形式。

另外，把使得 $\sum_{i=1}^{n}|e_i|$ 最小时求得的 β，α 叫作最小一乘法，最小一乘法由于目标函数不可导，计算不方便，故没有被数学家勒让德采用。

四、其他可以帮助计算的信息技术和方法

自从 LSM 方法产生 200 多年来，利用它的主要困难在于计算比较复杂，特别是在手算的年代，需要耗费大量的时间，这些情况在现代有了改变。现代可以调用很多的硬件和软件来帮助计算：硬件方面，可以使用 TI 图形计算器和普通计算器求解；软件方面，内嵌 LSM 的计算机软件也很多，比如可以使用 WPS 表格软件或者微软 Excel 软件方便求解，或者使用 Matlab、Mathmatica、Lingo、SPSS 等编程解决。对于图形计算器和计算器在这节课上的使用，笔者持赞成的态度。因为这能够方便我们学习 LSM 的思想方法，能够加深我们对于这节课的数学概念的理解，不要因为计算能力不好而影响了对数学本质的学习。同时，利用此机会还可以学习其他信息技术，为大学的信息技术学习打下一些基础。

下面我们主要介绍如何利用 WPS 表格软件、Matlab 软件和矩阵来计算的方法。

假设我们需要求表 7-5 所示中 y 与 x 之间的回归方程。

表 7-5 y 与 x 的数据

x	1	4	6	10
y	2	5	8	13

1. 使用 WPS 表格软件求解时共有三种方法

设这个表格处于表格中的 ABCDE 五列,1 与 2 两行,如表 7-6 所示。

表 7-6 表格所在位置

	A	B	C	D	E
1	x	1	4	6	10
2	y	2	5	8	13

(1) 调用"SLOPE""INTERCEPT""CORREL"三个函数

"SLOPE"代表回归直线的斜率 β,"INTERCEPT"代表回归直线的纵截距 α,而"CORREL"代表两组数据的相关系数。假设需要分别将计算结果填入 H1,H2,H3 中,那么命令就是在 H1 中输入" = SLOPE(A2:E2,A1:E1)",结果是 1.239766082;

在 H2 中输入" = INTERCEPT(A2:E2,A1:E1)",结果是 0.49122807;

在 H3 中输入" = CORREL(A2:E2,A1:E1)",结果是 0.997782407.

也就是说,y 与 x 之间的回归方程是:$\hat{y} = 1.239766082x + 0.49122807$,相关系数是 0.997782407.

(2) 使用图表向导解决

选中单元格区域 A1:E2,单击"插入"菜单中的"图表",选中"XY 散点图";接着选中图表的几个散点,在右键菜单中选择"添加趋势线",同时在"属性"中选中"显示公式"和"显示 R 平方值"的复选框,便可得到拟合线方程和相关系数的平方的值显示在图上,整个结果如图 7-5:

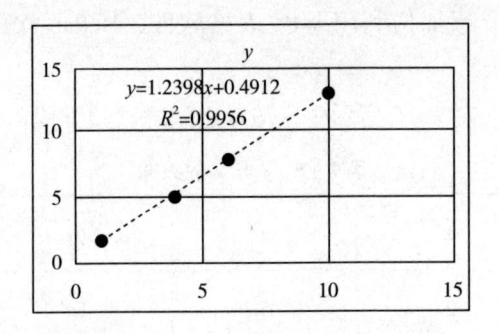

图 7-5　由 WPS 表格软件所得的散点图、公式以及相关系数的平方

（3）使用函数"LINEST"解决

函数"LINEST"的意义就是使用最小二乘法对数据进行最佳直线拟合。假设需要将斜率的结果填入 I1，其命令就是在 I1 中填入："INDEX（LINEST（B2：E2，B1：E1），1）"，结果是 1.239766082；如需在 I2 得到纵截距，填入："=INDEX（LINEST（B2：E2，B1：E1），2）"，结果是 0.49122807。

2. 使用软件 MatLab

笔者发现 MatLab 中有两个语句来计算线性回归方程，一个是 regress（线性回归），另一个是 polyfit（多项式回归）。它们的运算过程和结果如图 7-6 所示。

```
x=[1, 4, 6, 10]
x=
     1     4     6    10
y=[2, 5, 8, 13]
y=
     2     5     8    13
p=polyfit（x, y, 1）
p=
    1.2398    0.4912
```

```
x=[1, 4, 6, 10]'
x=
     1
     4
     6
    10
y=[2, 5, 8, 13]'
y=
     2
     5
     8
    13
x=[ones（4, 1）, x]
x=
     1     1
     1     4
     1     6
     1    10
[b, bint]=regress（y, x）
b=
    0.4912
    1.2398
bint=
   -1.0649    2.0474
    0.9881    1.4914
```

图 7-6　MatLab 中两个计算线性回归方程的语句及运算结果

3. 矩阵运算法

由前面的过程可知，$X = (A^T A)^{-1} A^T Y$，

其中 $A = \begin{pmatrix} 1 & 1 \\ 4 & 1 \\ 6 & 1 \\ 10 & 1 \end{pmatrix}$，$Y = \begin{pmatrix} 2 \\ 5 \\ 8 \\ 13 \end{pmatrix}$，$X = \begin{pmatrix} \beta \\ \alpha \end{pmatrix}$，

故 $\begin{pmatrix} \beta \\ \alpha \end{pmatrix} = \left(\begin{pmatrix} 1 & 4 & 6 & 10 \\ 1 & 1 & 1 & 1 \end{pmatrix} \begin{pmatrix} 1 & 1 \\ 4 & 1 \\ 6 & 1 \\ 10 & 1 \end{pmatrix} \right)^{-1} \begin{pmatrix} 1 & 4 & 6 & 10 \\ 1 & 1 & 1 & 1 \end{pmatrix} \begin{pmatrix} 2 \\ 5 \\ 8 \\ 13 \end{pmatrix}$，

其中 $\begin{pmatrix} 1 & 4 & 6 & 10 \\ 1 & 1 & 1 & 1 \end{pmatrix} \begin{pmatrix} 1 & 1 \\ 4 & 1 \\ 6 & 1 \\ 10 & 1 \end{pmatrix} = \begin{pmatrix} 153 & 21 \\ 21 & 4 \end{pmatrix}$，

所以 $\begin{pmatrix} 153 & 21 \\ 21 & 4 \end{pmatrix}^{-1} = \dfrac{1}{171} \begin{pmatrix} 4 & -21 \\ -21 & 153 \end{pmatrix}$，

从而 $\dfrac{1}{171} \begin{pmatrix} 4 & -21 \\ -21 & 153 \end{pmatrix} \begin{pmatrix} 1 & 4 & 6 & 10 \\ 1 & 1 & 1 & 1 \end{pmatrix} = \dfrac{1}{171} \begin{pmatrix} -17 & -5 & 3 & 19 \\ 132 & 69 & 27 & -57 \end{pmatrix}$，

得出 $\begin{pmatrix} \beta \\ \alpha \end{pmatrix} = \dfrac{1}{171} \begin{pmatrix} -17 & -5 & 3 & 19 \\ 132 & 69 & 27 & -57 \end{pmatrix} \begin{pmatrix} 2 \\ 5 \\ 8 \\ 13 \end{pmatrix} = \dfrac{1}{171} \begin{pmatrix} 212 \\ 84 \end{pmatrix}$，

即 $\beta = 212/171$，$\alpha = 84/171$.

所以 $\hat{y} = \dfrac{212}{171} x + \dfrac{84}{171}$.

第四节　回归直线方程的核心素养培养

在回归直线方程教学板块中，培养学生的核心素养需要注意什么？

笔者觉得要注意实现"四化"：一是逻辑推理的结果要"模糊化"；二是数学建模的情境要"真实化"；三是数学运算的过程要"可视化"；四是数据分析要"敏感化"。

一、逻辑推理的结果要"模糊化"

求出回归直线方程后，就可以由一个变量的变化来推断另一个变量产生怎样的变化，这就是逻辑推理。与一般的逻辑推理不同的是，这个推理有时候具有"模糊推理"的味道。比如，利用最小二乘法求得儿子身高 y 与父亲身高 x 的回归直线方程是 $y = 0.516x + 0.8567$（单位：m），计算当 $x = 1.60$ 时 y 等于 1.68356，但我们不能推断说 y 一定等于 1.68356，只能说 y 在 1.68356 左右，或者说 y 约等于 1.68356。实际上根据正态分布相关理论，这个 1.68356 只是一个数学期望。即使是"模糊推理"也不能放之四海而皆准，只能针对样本数据，不能换时间、换地点、换人员。

二、数学建模的情境要"真实化"

根据情境学习理论，知识具有情境性，当学生遇到真实的情境时，学习才会进行。仍然以上面的回归直线 $y = 0.516x + 0.8567$ 为例，这个公式来自于英国著名统计学家弗朗西斯·高尔顿（Francis Galton）。为了研究父代与子代身高的关系，高尔顿搜集了 1078 对父亲及其一个儿子的身高数据后，发现这些数据的散点图大致呈直线状态，于是使用回归直线来描述，经过计算，他和他的学生卡尔·皮尔逊（Karl Pearson）共同得出了公式：$y = 0.516x + 0.8567$（单位：m）。这个公式就是利用当时真实数据得到的一个身高模型，不是通过杜撰臆造一些数据而得出的公式。反观我们的大量练习试题，精心设计一些假数据让学生计算，学生哪有兴趣？

三、数学运算的过程要"可视化"

求回归直线方程，不管是最小一乘法，还是最小二乘法，都要进行数学运算。我们来比较上一节所举例子分别使用最小一乘法与最小二乘法的拟合效果。

拟合效果的好坏，可以使用残差、相关指数 R^2 来分析：

表 7-7　用残差、相关指数 R^2 分析拟合效果

	残差绝对值的和	相关指数 R^2
最小一乘法的方程 $y = \frac{5}{4}x + \frac{1}{2}$	0.75	0.995265152
最小二乘法的方程 $y = \frac{212}{171}x + \frac{84}{171}$	0.9005	0.995569732
结论	最小一乘法的方程略优	最小二乘法的方程略优

另外在最小二乘法的教学中，还应该引入解题的步骤，让学生会使用具体的笔算步骤来解决问题，监督数学运算的计算过程，使得计算过程有章可循，故引入解题的表格，使计算"可视化"，不能让学生计算过程中的书写过于随意。解答的过程可以参考表 7-8 的描述：

表 7-8　解答过程示例

数据	1	2	3	4	合计
x_i	1	4	6	10	21
y_i	2	5	8	13	28
$x_i - \bar{x}$	$-\frac{17}{4}$	$-\frac{5}{4}$	$\frac{3}{4}$	$\frac{19}{4}$	0
$(x_i - \bar{x})^2$	$\frac{289}{16}$	$\frac{25}{16}$	$\frac{9}{16}$	$\frac{361}{16}$	$\frac{171}{4}$
$y_i - \bar{y}$	-5	-2	1	6	0
$(x_i - \bar{x})(y_i - \bar{y})$	$\frac{85}{4}$	$\frac{10}{4}$	$\frac{3}{4}$	$\frac{114}{4}$	53

所以 $\hat{\beta} = \dfrac{\sum\limits_{i=1}^{4}(x_i - \bar{x})(y_i - \bar{y})}{\sum\limits_{i=1}^{4}(x_i - \bar{x})^2} = 53 \times \dfrac{4}{171} = \dfrac{212}{171}$.

四、数据分析要"敏感化"

我们生活在数字世界之中，除了对数据应该有一定的分析和处理能力，还应该在数据和数据分析的结论之间建立起敏感的联系，以逐渐积累起对数据的敏感认知，也就是形成"数感"。"数感"是一种对数据的感知能力，是一种明显不同于逻辑推理能力的纯粹的感觉与感知，或许可以称之为在数据方面的一种直觉，很难用准确的言语去描述。比如通过散点图，你能得到回归直线的斜率、纵截距、相关系数的数值，计算后对比答案，修正心理预期。反复这样做一定可以达到培养一些良好数感的目的。日本著名数学家小平邦彦曾说过，正如乐感不好的人无法理解音乐一样，数感不好的人同样无法理解数学。可见培养一些数感是多么的重要！

综上所述，回归直线方程的教学单元具有丰富的数学文化，回归直线方程的教学可以培养学生的逻辑推理、数学建模、数学运算、数据分析 4 个核心素养。所以面对这个比较重要的学习板块，我们应该加以重视。

参 考 文 献

[1] 李文林. 数学史概论 [M]. 北京：高等教育出版社，2002.
[2] 矢野健太郎. 几何的有名定理 [M]. 陈永明，译. 上海：上海科学技术出版社，1986.
[3] 沈文选，杨清桃. 几何瑰宝：平面几何500名题暨1000条定理 [M]. 哈尔滨：哈尔滨工业大学出版社，2010.
[4] 何思谦. 数学辞海 [M]. 太原：山西教育出版社，2002.
[5] 沈文选，张垚，冷岗松. 奥林匹克数学中的几何问题 [M]. 长沙：湖南师范大学出版社，2009.

后　　记

对于教学艺术的追求，每一位教师都应终身不歇。

本书是四川省教育厅2019年教育科学规划课题"学科核心素养理念下提升中学生数学思维品质的教学策略""高中数学建模能力培养策略的研究——以函数教学任务为例"的研究成果（川教函〔2019〕514号），也是四川省2021年哲学社会科学规划课题、四川省教育发展研究中心资助课题"学科核心素养视野下中学教师教育智慧的培养研究"研究成果（编号CJF21036），以及成都市教育科研规划课题"在中学数学中弘扬中华传统优秀数学文化的实践研究"（CY2021ZM38）的阶段性研究成果。

在本书写作过程中，四川省成都市新都一中校长刘旭东、副校长张树华、副校长代敬涛、副校长雷萍、教导主任谭红军、教导副主任徐贤忠、教科室主任魏羽飞给予了笔者关心和支持，四川省教科院中学数学教研员吴中林和孙锋，成都市教科院院长助理黄祥勇，高中数学教研员段小龙，德阳市教科院副院长黄勇，新都区中学数学教研员黄成、陈维杰，四川省吴中林名师鼎兴工作室的谢远净、黎方平、谢维勇、柴文斌、任芳、陈中根、夏雪、罗志英、张彬政、李波波、梁红星、张宇、郑达平、张勇、唐开兵对笔者表示了关心和支持。成都市新都区升庵中学唐世红（也就是笔者的爱人）全力支持笔者写作书稿，承担了大部分的家务，并抽时间核对书稿。黄严葵老师对这本书的出版付出了很多精力和时间。笔者对以上各位表示衷心的感谢！

本书从开始构思到完成前后历经十余年，其间，四川省高考数学评卷指导委员会翁凯庆教授，四川师范大学张红教授、李昌勇老师、周思波老师、朱世辉老师，内蒙古师范大学郭世荣教授，中国科学院田淼研究员，清华大学郑方磊博士，上海师范大学陆新生教授，吉林师范大学刘鹏教授，辽宁师范大学杜瑞芝教授，中国石油大学（北京）刘建军教授，吉林化工学院金玉子教授，重庆文理学院贾小勇博士，中国数学会基础教育分会、北京师范大学博导曹一鸣教授，中国基础教育质量监测协同创新中心王立东博士，华东师范大学范良火教授、汪晓勤教授、邹佳晨博士、雷沛媱博士先后向笔者提供了一些科研指导或者相关资料。四川省德阳市第五中学2020级学生张逸君（2019年全国高中数学联赛一等奖候选人）对部分章节进行了核对。特此致谢！

本书原名为《文化型数学教师的探索与实践》，四川省教育学会副会长、四川省教育发展研究中心主任、二级教授李化树在看了笔者的书稿后，亲自将书名定为《中学数学教师的文化成长》，笔者对此表示万分感谢。

最后，要感谢笔者的一届又一届的学生，是你们让笔者产生了很多的教学智慧，让笔者在生命中得到了极大的成功感。另外还要感谢新都一中数学组的各位同事、新都区王贤华名师工作室的各位老师、四川省吴中林名师鼎兴工作室王贤华分站的各位老师给予笔者工作中和写作中的支持！

由于写作时间不足，加之自身水平有限，本书可能尚存不足，欢迎读者批评指正。

王贤华

2021年11月于香城